Lyotard versucht, Antworten auf die Fragen nach dem Status, der Rolle und der Funktion des Intellektuellen zu finden. Wie Michel Foucault geht auch Lyotard davon aus, dass sich der Intellektuelle heute nicht mehr mit universellen Subjekten identifizieren kann. Anders als viele kritische Intellektuelle in Deutschland betrachtet er den Zerfall der Idee der Universalität aber nicht als Katastrophe, sondern als eine Möglichkeit, sich von der Obsession der Totalität zu befreien und endlich zu einem neuen Selbstverständnis kritischer Intelligenz zu kommen. Zudem setzt sich Lyotard mit der „Lektion in Sachen Progressismus" auseinander, die Habermas den französischen Philosophen glaubte erteilen zu müssen. Darin erweitert er seine Überlegungen zur Postmoderne um eine politische Dimension und stellt klar, dass der angebliche Neokonservatismus der französischen Philosophen eine Erfindung deutscher Theoretiker ist, die um ihr Kritikmonopol bangen.

Jean-François Lyotard (1924–1998) lehrte Philosophie in Paris und Amerika.

GRABMAL DES INTELLEKTUELLEN
PASSAGEN FORUM

Jean-François Lyotard
Grabmal des Intellektuellen

Aus dem Französischen
von Clemens-Carl Härle

Herausgegeben von
Peter Engelmann

Passagen Verlag

Deutsche Erstausgabe
Titel der Originalausgabe: *Tombeau de l'intellectuel*
Aus dem Französischen von Clemens-Carl Härle

Die Deutsche Bibliothek verzeichnet diese Publikation in der Deutschen Nationalbibliografie; detaillierte bibliografische Daten sind im Internet über http://dnb.ddb.de abrufbar.

Alle Rechte vorbehalten
ISBN 978-3-85165-818-7
2., überarbeitete Auflage 2007
© 1984 by Editions Galilée
© der dt. Ausgabe 1985 by Passagen Verlag Ges. m. b. H., Wien
http://www.passagen.at
Grafisches Konzept: Gregor Eichinger
Satz: Passagen Verlag Ges. m. b. H., Wien
Druck: Demczuk Fairdrucker Ges. m. b. H., 3002 Purkersdorf

Inhalt

Grabmal des Intellektuellen … 11

Der Widerstreit … 21

Für eine Nicht-Kulturpolitik … 27

Die Vernunftverwirrung … 33

Der philosophische Gang … 39

Eine Widerstandslinie … 51

„Nach" Wittgenstein … 65

Intellektuelle Moden … 71

Rasche Bemerkungen zur Frage der Postmoderne … 75

Textnachweis … 83

Anmerkungen … 85

Grabmal des Intellektuellen[1]

Der Sprecher der sozialistischen Regierung fordert die „Intellektuellen" auf, eine öffentliche Diskussion über die gesellschaftlichen „Veränderungen" zu eröffnen, die in Frankreich einzuleiten sind, damit das Land seine ökonomische und soziale „Rückständigkeit" aufhole und überwinde. Freilich fügt er präzisierend hinzu, dass er „eine Reflexion mit konkreten Folgen" wünsche, und nicht nur „große Namen auf der Tribüne des Engagements".[2]

An wen denkt er im Einzelnen, wenn er von „Intellektuellen" spricht? Sein Appell scheint vornehmlich an Planer, Experten, Entscheider gerichtet, Personen, die gewiss Funktionen der Intelligenz repräsentieren, zugleich aber eine administrative, ökonomische, gesellschaftliche oder kulturelle Verantwortung tragen oder tragen werden, oder die zumindest nicht über die angekündigte „Veränderung" diskutieren oder diskutieren werden, ohne diese Verantwortung dabei aus dem Auge zu verlieren. „Intellektuelle" dagegen sind, scheint mir, eher Geister, die vom Standpunkt des Menschen, der Menschheit, der Nation, des Volks, des Proletariats, der Kreatur oder einer ähnlichen Entität aus denken und handeln. Sie identifizieren sich mit einem Subjekt, das einen universellen Wert verkörpert; sie beschreiben und analysieren von dieser Position aus eine Situation oder Lage und folgern, was getan werden muss, damit dieses Subjekt sich verwirkliche oder wenigstens seine Verwirklichung voranschreite. „Intellektuelle" richten sich an jeden Einzelnen, insofern er ein Keim, ein Depositär dieser Entität ist. Ihre Erklärungen beziehen sich ihrem Inhalt nach auf jedermann und gehen in gleicher Weise von jedermann aus. Die Verantwortlichkeit der „Intellektuellen" kann nicht getrennt werden von der (allgemein geteilten) Idee eines universellen Subjekts. Sie allein konnte Voltaire, Zola, Péguy oder Sartre (um hier nur französische Namen zu nennen) die Autorität verschärfen, die ihnen zuerkannt worden ist.

Der Aufruf von Max Gallo scheint also einer Verwechslung der Verantwortlichkeiten Vorschub zu leisten. Er unterschlägt die Unterschiede, die de jure zwischen den Aufgaben der Intelligenz bestehen und die de facto heute auch weithin auf der Ebene der Berufe zu beobachten sind.

Die neuen Techniken, die im wesentlichen an die Techno-Science der Sprache gebunden sind, ebenso wie die Konzentration der öffentlichen, sozialen, ökonomischen und militärischen Verwaltungen haben die Natur dieser mittleren und höheren Verantwortlichkeiten einschneidend verändert. Sie erfordern Köpfe, die in den exakten Wissenschaften, den Spitzentechnologien oder den Humanwissenschaften ausgebildet sind.

Diese neuen Führungskräfte sind nicht als solche auch Intellektuelle. Die berufsmäßige Ausübung ihrer Intelligenz verlangt nicht, in ihrem Kompetenzbereich so gut wie möglich die Idee eines universellen Subjekts zu verkörpern, sondern eine höchstmögliche Effizienz zu gewährleisten. Diese ist durch die Optimierung der Beziehung zwischen Input und Output einer Handlung (Aufwand und Ertrag, um zu vereinfachen) definiert. Es handelt sich mithin um ein im weitesten Sinne technisches Kriterium (das Fragen der Finanzierung, des Zeitgewinns oder Zeitverlusts, der Evaluierung von Handlungserfolgen und so weiter einschließt). Wer im Rahmen einer solchen Verantwortlichkeit arbeitet, kann und wird vermutlich sogar gezwungen sein, neue Dispositive zu erfinden. Er wird nach Lösungen suchen, die innerhalb seines Arbeitsbereiches als besonders wirkungsvoll erscheinen. Aber er wird weder die Grenzen dieses Bereiches noch die Natur der erzielten Leistungen in Frage stellen, wie es per definitionem ein Subjekt tut, das sich einer Universalität verpflichtet weiß. Er akzeptiert vielmehr die Trennung der Bereiche und die Bewertungsmaßstäbe der Handlungen in der Form, wie sie ihm gegeben sind.

Gewiss, ich vereinfache. Die Verbreitung der neuen Technologien destabilisiert fortwährend diese Grenzziehungen. Dennoch anerkennt ein Schriftsteller, ein Künstler oder ein Philosoph in dem Augenblick, wo er eine solche Verantwortung auf sich nimmt, ipso facto die Zielsetzung, die mit ihr verbunden ist: in dem Gebiet, das ihm zugeteilt wurde, Effizienz zu gewährleisten. Ähnliches gilt für den Bereich der Kultur. Man führt ein Kulturzentrum, eine Abteilung im Kultusministerium, man ist Mitglied einer Auswahlkommission zur Talentförderung: Gleichgültig, ob man ein großer Dramaturg oder ein großer Maler ist, die Aufgabe, die einem als Verantwortlichem im Bereich der Kultur zufällt, ist grundsätzlich verschieden von dem, worum es im „künstlerischen Schaffen" geht. Schon die Vorstellung von Kulturarbeit, von „Animation" setzt voraus, dass der Adressat (das Publikum, die Benutzer) nicht über genügend Kenntnisse, Geschmack, Sensibilität oder Ausdrucksmittel verfügt und deshalb der Bildung bedarf. Und dass er, im Unterschied zur Schule, zunächst umworben und verführt werden muss. Der Erfolg kultureller Verantwortlichkeit bemisst sich prinzipiell nach den Ergebnissen, die sie erzielt, nach den als positiv erachteten Veränderungen im Verhalten der Adressaten. Dass es nicht immer einfach ist, diese zu ermitteln und zu bewerten, steht auf einem anderen Blatt.

Ein Künstler, ein Schriftsteller, ein Philosoph als solcher ist nur gegenüber der Frage verantwortlich: Was ist Malerei, Schreiben, Denken? Sagt man ihm: Ihr Werk ist für die meisten unverständlich, so hat er das Recht und die Pflicht, diesen Einwand nicht zur Kenntnis zu nehmen. Sein Adressat ist nicht das Publikum, und ich würde sagen, nicht einmal die „Gemeinschaft" der Künstler, Schriftsteller und so weiter. In Wahrheit weiß er nicht, wer sein Adressat ist, und eben dies heißt, ein Künstler, ein Schriftsteller zu sein, das heißt eine „Botschaft" in die Wüste zu schicken. Ebensowenig weiß er, wer sein Richter ist, denn indem er tut, was er tut, stellt er zugleich die Kriterien in Frage, nach denen sich das Urteil über die Malerei, die Literatur und so weiter richtet. Und damit auch die Grenzen, die die gemeinhin anerkannten Bereiche, Gattungen, Disziplinen voneinander trennen. Man könnte sagen, er experimentiert. Keinesfalls versucht er zu bilden oder zu erziehen. Die Aufforderung, sein Tun kulturellen Zielen oder Zwecken zu unterwerfen, erscheint ihm zu Recht als unannehmbar.

Insofern ist also auch er kein „Intellektueller". Er braucht sich nicht mit einem universellen Subjekt zu identifizieren oder sich für die menschliche Gemeinschaft verantwortlich zu fühlen; seine Verantwortung gilt allein dem „Schaffen". (Ich setze das Wort in Anführungszeichen, um gegen die Anspielung auf die christliche Theologie und die romantische Ästhetik zu protestieren, die in ihm enthalten ist. Werden wir jemals den richtigen Ausdruck für ein Tun finden, das zutiefst enteignet und enteignend ist?) Im Gegenteil, die Revolution in der theoretischen Physik durch Einstein und die Dänen hat die moderne Idee eines universellen Subjekts (und Objekts) der Erkenntnis zutiefst erschüttert. Die Futuristen haben in ihrer Suche zwar mit einer Ideologie, dem Faschismus, vorliebgenommen, doch man wird zugestehen, dass Letztere für ihr Tun entbehrlich war. Wenn Apollinaire schreibt, dass ein Künstler heute unmenschlich sein müsse, gibt er deutlich zu verstehen, dass es nicht die – allzumenschlichen – „Intellektuellen" sind, die die Avantgarde darstellen. *Retour de l'URSS* ist die Schrift eines „Intellektuellen" (oder vielleicht eines schreibenden Bürgers), *Les Faux-Monnayeurs* das Werk eines Schriftstellers, eines „Schöpfers". Es wäre ungerecht gegenüber beiden Büchern, wollte man sie, nur weil sie vom selben Autor sind, nach demselben Maßstab messen. Man forderte einen Zusammenhang, wo keiner besteht.

Ein und dieselbe Person kann durchaus zwei oder drei Funktionen erfüllen, dafür gibt es zahlreiche Beispiele, man denke etwa an Malraux; deren Ungleichartigkeit wird jedoch dadurch nicht aufgehoben. Aber das ist nicht alles. Dieselbe Person ist darüber hinaus Bürger, sie genießt die damit verbundenen Rechte und hat die damit verbundene Verantwortung zu tragen. Dabei geht es um die Frage: Welches ist das beste Gemeinwesen, und wie lässt es sich verwirklichen? Dies ist eine vierte Frage und grundsätzlich verschieden von derjenigen, die der Tätigkeit eines Intellektuellen, einer Führungskraft oder eines Künstlers zugrunde liegt. Wie diese bedarf auch sie der Unterstützung durch Intelligenz.

Aber es liegt auf der Hand, dass die Verantwortlichkeit, die jemand gegenüber der Idee eines universellen Subjekts – im Bereich administrativer, kultureller oder anderer Entscheidungen oder auch im Bereich des künstlerischen Schaffens – übernimmt, dieser Person keinerlei besondere Autorität in Anbetracht ihrer Aufgabe als Bürger verleiht. Denn nichts beweist, dass das beste Gemeinwesen sich durch ein Höchstmaß an Effizienz auszeichnet oder Letztere auch nur zu seiner Verwirklichung beiträgt. Oder dass das künstlerische Schaffen die Entwicklung des politischen Zusammenlebens fördert oder ein Künstler dem Gemeinwesen ein besonderes Wissen mitzuteilen hat. Oder dass endlich der Gesichtspunkt der Universalität zur Erarbeitung und Lösung der Fragen beiträgt, vor die sich ein Bürger eines bestimmten Landes zu diesem oder jenem Zeitpunkt gestellt sieht.

Zwar bleibt die Versuchung groß und wird immer groß bleiben, den Namen, den man in einem Bereich erworben hat, auch in einem anderen zur Geltung zu bringen. Wahrscheinlich ist es eine solche Übertragung, die man im Allgemeinen, und Max Gallo im Besonderen, von den „Intellektuellen" erwartet. Im Grunde macht dies das Wesen eines Intellektuellen aus. Ein solcher Übergriff ist freilich nur dann keine Verwechslung und unwürdige Usurpation, wenn der Gedanke der Universalität, der einzige, auf den sich ein „Intellektueller" berufen kann, die verschiedenen Verantwortlichkeiten, von denen ich gesprochen habe, in ihrer Unterschiedlichkeit in einem System aufeinander beziehen oder sie wenigstens einer gemeinsamen Zweckmäßigkeit unterstellen kann. Aber eben eine solche totalisierende Einheit oder Universalität ermangelt dem Denken, zumindest seit Mitte des 19. Jahrhunderts.

Um es ohne alle Umschweife zu sagen: Man kann nur dann ein Intellektueller sein, ohne der Ehre verlustig zu gehen, wenn das Unrecht nicht geteilt ist, wenn die Opfer Opfer und die Henker unentschuldbar sind, wenn in der Welt der Namen, die unsere Geschichte ist, wenigstens einige Namen ohne Makel, reinen Ideen gleich, erglänzen (wie Friedrich II. für Kant). Marx denunzierte noch in diesem Sinne das „Unrecht schlechthin", das dem Arbeiter durch das Lohnarbeitsverhältnis widerfährt. Seine Anklage war autorisiert durch ein kommendes, universelles Subjekt, das all die Verantwortlichkeiten, von denen ich sprach, einschließlich der des Denkers, einem übergreifenden Ziel, der Emanzipation des Proletariats unterstellte. Die Pariser Commune war der ungetrübte (oder fast ungetrübte) Name, in dem es sich verkörperte. Diese Autorität ist verblasst, nicht nur infolge der wirklichen Verhältnisse in der Sowjetunion, dem – nominellen – Platzhalter des emanzipierten Proletariats, sondern vor allem deshalb, weil die Zeichen, die den Gedanken an ein solches Subjekt rechtfertigen könnten, selten geworden sind. Jedermann mag sich darüber ein Urteil bilden, der Tatsache eingedenk, dass in den Augen von Marx das wesentliche, wenn nicht das einzige Zeichen dafür die internationale Solidarität der Arbeiter war . . .

Ähnliches gilt für das Denken der Aufklärung, das ein Jahrhundert lang die liberalen Politiken nährte. Es ist heute außer Gebrauch gekommen. Um sich dessen zu versichern, genügt es, einen Blick auf die gegenwärtige Situation der Schule zu werfen. Die Schule war, wenigstens in den fortgeschrittensten Gesellschaften, der wichtigste Ansatzpunkt der Aufklärung. Die Intellektuellen, die im 19. Jahrhundert die Aufklärer beerbten, glaubten, dass durch die Ausweitung der öffentlichen Erziehung die bürgerlichen Freiheiten gestärkt, Partikularismen beseitigt und Kriege verhindert werden könnten. Niemand erwartet heute von der Schule, die überall in Ungnade fiel, dass sie aufgeklärtere Bürger heranbilde, sondern nur, dass sie auf eine erfolgreiche Berufstätigkeit vorbereite. Wenigstens ist dies die Zielsetzung, die offiziell der Reform der Anfangssemesterausbildung an den französischen Universitäten zugrunde liegt. Unwissenheit ist kein Unrecht und Wissenserwerb eine Berufsqualifikation, die ein höheres Einkommen sichert.

Es dürfte also keine „Intellektuellen" mehr geben, und wenn es trotzdem noch welche gibt, so darum, weil sie blind sind gegenüber einem im Vergleich zum 18. Jahrhundert neuen Tatbestand in der Geschichte des Abendlandes: dass es kein universelles Subjekt oder Opfer gibt, das in der Wirklichkeit ein Zeichen gäbe, in dessen Namen das Denken Anklage erheben könnte, eine Anklage, die zugleich eine „Weltanschauung" wäre (der Leser mag hier die entsprechenden Namen einsetzen). Selbst die „Benachteiligtsten", deren Standpunkt Sartre einzunehmen suchte, um einen Faden durch das Labyrinth der Ungerechtigkeiten zu finden, stellten im Grunde nur eine negative, anonyme und empirische Entität dar. Ich sage nicht, man habe sich nicht um ihr Los zu kümmern, im Gegenteil, man hat es zu tun, aufgrund einer ethischen und bürgerlichen Verantwortlichkeit. Aber dieser Gesichtspunkt erlaubt nur defensive und lokale Stellungnahmen. Verlangt man mehr, so kann er das Denken fehlleiten, ähnlich wie er Sartre fehlgeleitet hat.

Max Gallo wird nicht finden, was er sucht. Was er sucht, gehört einem anderen Zeitalter an. Freilich ziehe ich daraus nicht den Schluss, dass die Maler malen, die Philosophen philosophieren, Forscher forschen, die Verwalter verwalten, die für die Kultur Verantwortlichen bilden und die Politiker (von denen ich absichtlich nicht sprach, um Max Gallo nicht in Verlegenheit zu bringen) Politik machen. Mein Schluss ist vielmehr im Prinzip „optimistisch", auch wenn er de facto „pessimistisch" erscheint (aber auch dies sind noch Begriffe der Aufklärung). Der Untergang, und vielleicht sogar Zerfall, der Idee der Universalität kann das Denken und das Leben von der Obsession der Totalität befreien. Die Vielheit der Verantwortlichkeiten, ihre wechselseitige Unabhängigkeit oder gar Unverträglichkeit, verpflichten diejenigen, die sie, ob groß oder klein, übernehmen werden, zu Geschmeidigkeit, Toleranz und „Wendigkeit". Diese Eigenschaften werden nicht länger das Gegenteil von Strenge, Aufrichtigkeit und Kraft, sondern deren Steckbrief sein. Die Intelligenz schweigt nicht, sie zieht sich nicht in die Arbeit zurück, an der sie hängt, sie versucht, auf der Höhe der neuen Verantwortlichkeit zu sein, die die „Intellektuellen" ungelegen und unmöglich machen wird: der Aufgabe, die Intelligenz von der Paranoia zu scheiden, als welche die „Moderne" erscheint.

September 1983

Der Widerstreit

Der Sieg der Sozialisten hat mich nicht allzusehr überrascht. Ich sagte mir: Entweder haben sie während des Wahlkampfs gelogen und begnügen sich, einmal an der Macht, weise der Linie Raymond Barres zu folgen, mit dem Unterschied, drei Prozent des Sozialprodukts mehr für „Soziales" auszugeben und diesen Anteil durch öffentliche Verschuldung, ein wenig mehr Inflation und Besteuerung der Einkommen zu finanzieren, bekannte Eingriffe also, die geeignet sind, die Unternehmer zu schonen. In dieser Weise würde 1988 oder 1995 die internationale Wettbewerbsfähigkeit der französischen Industrie nicht beeinträchtigt werden, aber die Probleme der französischen Gesellschaft blieben ungelöst. Oder aber sie haben ihre Wähler nicht belogen und versuchen, ein neokeynesianisches Wirtschaftsprogramm, einen „Welfare-State" mit einer Prise Selbstverwaltung ins Werk zu setzen; dann jedoch werden sie angesichts der internationalen Produktionsstruktur und des Zustands des Weltmarkts einerseits, der schon bestehenden Schwäche der produktiven Investitionsrate andererseits auf den frontalen Widerstand der Kapitalbesitzer und -verwalter stoßen und nach zwei Jahren, einmal das Vertrauen der Wählerschaft verloren, aufgeben müssen, und dies wird die Stunde Jacques Chiracs sein.

Doch ich habe mich getäuscht. Weder traf ganz das eine, noch ganz das andere ein, sondern ein wenig beides zugleich, mit der Folge, dass das Ergebnis eine Art algebraischer Summe bestimmter Vorteile und bestimmter Nachteile der beiden Politiken ist.

In diesen Kalkülen gab und gibt es keine Entzauberung. Ihre Logik ist die des Kapitals. Nach dreißigjähriger Wachstumsperiode ist es in eine neue Phase der Überkapitalisierung eingetreten, die die gewohnten und neue Wirkungen zeitigt, die gewohnten Abhilfen und Versuche mit neuen Hilfsmitteln provoziert. Im Spektrum der gewohnten Abhilfen scheint der Krieg aus unterschiedlichen, obschon komplementären Gründen in Washington wie in Moskau erneut an Opportunität zu gewinnen. Die Logik des Kapitals ist im wesentlichen die Logik des von seiner dialektischen Hülle befreiten Kapitals. Ich will damit nicht sagen, dass im Funktionieren der kapitalistischen Ökonomie keine Widersprüche auftreten, sondern nur, dass aus diesen Widersprüchen nichts folgt, was ihre Überwindung andeuten oder ankündigen würde.

Der Übergang zum wahren Sozialismus, zu einer vom Wertgesetz befreiten Ökonomie, erfolgt nicht allein schon deshalb, weil die von letzterem erzeugten Widersprüche unerträglich sind; man muss sie auch erkennen als das, was sie sind, und sie an der Wurzel ergreifen wollen. Dieses Bewusstsein und dieser Wille heißen „Subjekt der Geschichte", oder Proletariat, wie in der marxistischen Tradition. Aber nach einem großen Jahrhundert Geschichte revolutionärer Bewegung ist der Beweis erbracht, dass ein solches Subjekt nicht stattgefunden hat, und es ist vernünftig zu denken, dass es nicht stattfinden wird. Das bedeutet, dass es zum Kapitalismus keine globale Alternative gibt, im Rahmen eines dialektischen Denkens und einer revolutionären Politik, versteht sich. Die Folge ist, dass es in der kommenden Krise nicht um den Sozialismus (die Verfügung der Menschheit über ihre Mittel und Zwecke) gehen wird, sondern um die Ausdehnung kapitalistischer Produktionsverhältnisse auf Länder, die noch bürokratischer Vormundschaft unterstehen.

Das heißt nicht, es gäbe keine Gesellschaft, die die Logik des Kapitals durchkreuzte. Der Erfolg der Sozialisten in Frankreich ist ein Beweis für deren Wirklichkeit. Diese Gesellschaft war für Valéry Giscard d'Estaing und Raymond Barre, darin authentische Figuren des Kapitals, lediglich ein Moment von dessen Reproduktion, das Moment der Wiederherstellung nützlicher Arbeitskraft, und somit von ausschließlich produktiver Konsumtion. Aber sie ist auch, der Verfassung nach, der Souverän und hat in der Tat jene, die sie verachteten, vertrieben. Aber was begehrt der Souverän, unter dem Namen der Achtung?

Die Berater des Souveräns haben rasch bemerkt, dass er allzu kapriziös ist. Er begehrt alles sogleich. Man wird ihm geben, was irgend möglich ist, und deshalb wird reformiert. Insofern entfällt also die Verachtung für den, dem man dient, und die erlaubt, an seine Stelle zu treten. Aber man braucht das Volk nicht zu verachten oder gar zu ersetzen, geht man erst davon aus, dass es nicht existiert. Das allgemeine Wahlrecht impliziert nicht die Existenz eines universellen Subjekts, sondern vielmehr das Gegenteil. Die Gesellschaft wird von Interessenkonflikten durchquert, die die „Sozialpartner" einander entgegensetzen; das Ergebnis der souveränen Wahlentscheidung zeigt an, zu wessen Gunsten die Lösung dieser Konflikte zu verhandeln ist. Es ist dieser Tatbestand, der, zu einer Banalität geworden, reformistische Politiken ermöglicht.

Aber das ist nicht alles. „Die Gesellschaft", wie man sagt, ist durchfurcht von Widerstreit. Ich würde sagen: Zwischen zwei Partnern besteht ein Widerstreit, wenn die „Lösung" des Konflikts, der sie einander entgegensetzt, im Idiom des einen Partners erfolgt, während das Unrecht, das dem anderen widerfuhr, in diesem Idiom nicht in Erscheinung tritt. Die Abmachungen und Verträge zwischen den Wirtschaftspartnern verhindern nicht, sondern setzen im Gegenteil voraus, dass der Arbeiter (oder sein Repräsentant) von seiner Arbeit sprechen musste und weiterhin sprechen muss, oder seine Arbeit sprechen lassen muss, als ob diese die vorübergehende Abtretung einer Ware wäre, deren Eigentümer er ist. Während er also darüber streitet, ob die Bedingungen dieser Abtretung gerecht oder ungerecht sind und handelnd eingreift, um sie zu verändern, bleibt doch die Tatsache bestehen, dass er darüber schweigen muss, dass seine Arbeit nicht den Charakter einer solchen Abtretung hat (und dies nicht nur darum, weil er nicht anders kann). Was mit der Logik des Kapitals vom Marxismus lebendig bleibt, ist zumindest diese Bedeutung des Widerstreits. Sie untersagt, dass die Versöhnung der Partner im Idiom des Einen der beiden erfolgt. Etwas Ähnliches geschah im Mai 1968 oder in der Frauenbewegung seit einem Jahrzehnt, und um den Widerstreit geht es auch in der Frage der „ausländischen Arbeitnehmer". Es gibt noch andere Fälle.

Die Intelligenzija versagt der neuen Macht nicht ihre Unterstützung, ihren Ratschlag, ihre Teilnahme. Sie hat gewiss eine Reformtätigkeit zu vollbringen, wie man bereits auf dem Gebiet von Kultur, Justiz, Unterricht und Forschung beobachten kann. Ob zu Recht oder zu Unrecht (denn in welchem Idiom wird man sich streiten?), glaube ich indes, dass die Aufgabe der Geistestätigkeiten eher darin besteht, für Widerstreitigkeiten zu zeugen.

Dass ein Samuel Beckett ohne Rücksicht, ob er verstanden wird, seine Bücher schreiben kann, dass ein

Jerome Lindon sie zu publizieren wagt und dass der Minister ein Gesetz erlässt, das ermöglicht, dass die Bücher in Buchhandlungen erhältlich sind: Ein Zeugnis des Widerstreits in der Literatur kann auf die Weise seine Adressaten finden. Dasselbe gilt mutatis mutandis für einen Maler, einen Filmemacher, einen Komponisten, einen Philosophen, einen Dramaturgen, einen Wissenschaftler. Das heißt nicht, sie hätten sich nicht mit den Mitteln, ihre Adressaten zu erreichen, zu befassen, und insofern an der Erarbeitung einer „Kulturpolitik" (ein Ausdruck der wie immer man ihn wendet, Schrecken einjagt) mitzuwirken. Aber sie dürfen nicht vergessen, dass Politik nur ein Tauschgeschäft ist und Kultur Tradition bleibt, wenn beide nicht durch den Sinn des Widerstreits bearbeitet werden, über den im übrigen niemand ein Privileg zukommt.

Oktober 1981

Für eine Nicht-Kulturpolitik

1. Es ist eine „Tatsache", dass der PS *(Parti Socialiste)* die politischen Institutionen Frankreichs beherrscht.[3] Aber der Lauf, den er, im Kontext eines höchst angespannten Weltmarkts, dem Handeln des Landes aufzuprägen sucht, ist keine „Tatsache". Ein wahrscheinlich bedeutsamer Teil seiner Wählerschaft erwartet vom PS die Wiederherstellung des Wohlfahrtsstaats. Aber angesichts des gegenwärtigen Zustands des Imperialismus erscheint eine keynesianische Lösung ausgeschlossen. Und es gibt keine organisierte politische Bewegung auf Weltebene, die eine Alternative zum Imperialismus darstellte; dies ist die Lehre, die aus dreißig Jahren Weltgeschichte der Kommunismen zu ziehen ist. Die neue Macht in Frankreich stellt mithin einen normalen Machtwechsel im Rahmen des internationalen Kapitalismus dar. Sie muss die neo-liberale Subventionspolitik der wettbewerbsfähigen Produktionszweige fortführen, um eine ausgeglichene Handelsbilanz zu erzielen und die Stabilität der Währung zu gewährleisten, wird aber zugleich versuchen, jene sozialen Schichten, denen sie ihren Wahlerfolg verdankt, wenigstens teilweise zu befriedigen. Ich gehe freilich davon aus, dass diese Befriedigungen eher bescheiden ausfallen werden.
2. Sie scheinen von der „Tatsache" auszugehen, die neue Regierung verfüge über eine „Kulturpolitik". Der geschichtliche Horizont dieser Institution ist das Jahrhundert von

1880 bis 1970, der Zeitraum also, währenddessen die großen, militärisch-industriell organisierten Parteien um die Massen kämpften (das heißt die durch die Entwicklung des Industriekapitalismus auseinandergerissenen Klassen), mit dem Ziel, die Schlacht gegen die *décadence* zu gewinnen (für die bald dieser, bald jener Feind verantwortlich gemacht wurde). „Kultur" heißt in diesem Zusammenhang, den Geist als Bestandteil der Kräfte zu betrachten, die in dieser Schlacht gegeneinander angetreten sind. Mit der Kulturpolitik gerät der Geist in den Einflussbereich von Politbüros und Ministerialkabinetten. Die Einbeziehung von Kultur in strategische Kalküle beginnt mit der deutschen Sozialdemokratie gegen Ende des 19. Jahrhunderts. Ihre Fortsetzung findet sie (unter konträren, aber gleichartigen Modalitäten) in den „Kulturpolitiken" des Faschismus, Nazismus, Stalinismus, Frankismus, Castroismus, Maoismus. Nachdem dieses Jahrhundert der Parteistaaten zu Ende geht, wäre es intelligent und zugleich neu, mit dieser Institution zu brechen. Sie bestätigt die *décadence* des Geistes, die sie angeblich bekämpft: Sie unterwirft all seine Tätigkeiten dem Ziel der Herstellung einer nationalen, historischen, einer Identität von Klasse, Volk oder Blut, ein wenig von allem zugleich. Der Geist indes bedarf keiner Bindung an solche Figuren, nicht einmal an die der Menschheit. (Der Pilgergang zum Pantheon war in dieser Hinsicht beunruhigend, desgleichen seine Inszenierung durchs Fernsehen. Im Grunde nicht allzu verschieden von der Ausstellung Paris-Paris, einem Gipfel des kulturellen Narzissmus.)

3. Gewiss hat auch der Kapitalismus seine „Kulturpolitik"; sie ist, obschon verfänglicher, gleichwohl nicht weniger entfremdend. Er wählt die Tätigkeiten des Geistes nach dem Kriterium der Wirksamkeit aus: Der Wert eines

Buches bemisst sich nach den Verkaufsziffern, der des Unterrichts nach der Zahl der eingeschriebenen Studenten, der einer Sendung nach den Einschaltquoten, der einer wissenschaftlichen Erfindung nach ihrer technologischen Verwertbarkeit und so weiter. Um dem ein Hindernis entgegenzusetzen, bedarf es keiner großen Apparate; es genügen einige Gesetze und Erlasse, die sich auf die neuralgischen Punkte beziehen, an denen das Gesetz des Marktes die Freiheit zu ersticken droht (das Gesetz über die Bindung des Buchpreises ist ein solcher Riegel). Aber eine solche Regelung darf Investitionen nicht entmutigen, sondern muss sie im Gegenteil anziehen, nicht der Profiterwartung wegen, sondern indem man an ein Motiv appelliert, das französischen Kapitalbesitzern und Gerants, im Unterschied zu denen anderer Länder, leider eher fremd erscheint: Ich meine den Ruhm, der mit ihrem Namen verbunden sein kann durch die Stiftung eines Forschungsinstituts, eines Lehrstuhls, von Symposien, Gesellschaften, Dotationen, Häusern und so weiter. Auch hier ist eine neue Gesetzgebung, die derartige Initiativen ermutigt, wünschenswert.

4. Sie scheinen von der „Tatsache" auszugehen, dass die „Intellektuellen" und so weiter einen Berufsstand darstellen, der besondere Forderungen erhebt. Eine Profession verkauft ein Produkt oder eine Dienstleistung, die durch ihren Gebrauch definiert sind, deren Wert sich also im Prinzip bestimmen lässt. Die Rechtmäßigkeit von Forderungen kann nach diesem Maßstab bemessen werden. Was dagegen ein Theater- oder Filmemacher, ein Schriftsteller, ein Schauspieler, ein Wissenschaftler, sogar ein Lehrer tut, kann nicht an einem solchen Maßstab gemessen werden, zumal heute. Seit Joyce, Gage, Frampton, Bohr, Artaud, Mai 68 besteht ihre „Kultur" oder Bildung eher in dem Vermö-

gen, Grenzen in Frage zu stellen und zu experimentieren, als darin, in ihrer Tätigkeit überkommenen und tradierbaren Mustern zu folgen. Nie war sie in solchem Maße „philosophisch". Freilich hätte ein Sokrates, abgesehen davon, dass er die Prüfung vor dem CSCU[4] nicht bestanden hätte, die größte Schwierigkeit, für ein Projekt einen Kredit zu erhalten. Wie soll man den Gebrauch eines Dienstes messen, den eine Frage oder ein Satz leisten kann? Wenn es in diesem Bereich Forderungen gibt, dann muss den „Intellektuellen" und so weiter die Freiheit belassen werden, ihr ganzes Tun in Frage zu stellen. Es ist nicht ihre, sondern Aufgabe der gesetzgebenden Körperschaft, zu bestimmen, welcher Anteil des Bruttosozialprodukts aufgewandt werden soll, um diese Infragestellung zu finanzieren.

Immer wird dieser Anteil unzureichend sein, da der Geist das Unendliche ist. Entscheidend aber ist, dass die lokalen „kulturellen" Körperschaften (Universität, Schule, Laboratorium, Museum, Theater, Konservatorium und so weiter, ohne dadurch einer Neudefinition dieser Einheiten vorzugreifen) frei sind, über die Verwendung des Budgets, das die Öffentliche Hand ihnen zur Verfügung stellt, zu befinden (ebenso wie über die Kredite, die gegebenenfalls von privaten Geldgebern zufließen). Eine solche Unabhängigkeit würde vielleicht begünstigt, wenn die Instanz, die über die öffentlichen Fonds verfügt, ihrerseits auf lokaler Ebene angesiedelt ist (etwa regional, wie im Rahmen der Dezentralisierung). Ein regionaler Rechnungshof hätte die sachgemäße Verwendung der Mittel zu prüfen (doch nur um zu ermitteln, dass die Gelder nicht veruntreut worden sind). Ich bin kein Verwalter, mir schwebt hier nur vor, was einer solchen Nicht-Kulturpolitik als Vorbild dienen könnte: die kontinuierlichen, glänzenden, populären Initiativen der italienischen Kommunen und lokalen Körperschaften zur Förderung der Tätigkeiten des Geistes.

Sommer 1981

Die Vernunftverwirrung

Der Ausdruck „Vernunft" hat mannigfache Bedeutung.[5] Sein Umfang ist an dieser Stelle einzugrenzen. Ich beschränke mich auf seinen „Gebrauch" im Umkreis dessen, was seit Galilei Wissenschaft genannt wird. Innerhalb dieser Grenze kann man Vernunft das Ensemble der Regeln nen nen, die ein Diskurs zu beachten hat, wenn er einen Gegenstand (seinen Referenten) erkennen oder Kenntnis von ihm vermitteln will. Mir scheint nicht, dass hinsichtlich der Regeln, denen der wissenschaftliche Diskurs untersteht, „heute" eine große Veränderung zu beobachten wäre. Dass sich die Axiome (das System der Operatoren) im Verlaufe einiger Jahrhunderte vervielfacht haben, ist nicht ein Zeichen für weniger Vernunft, sondern für erhöhte rationale Strenge. Insbesondere die Sprachen der von der Tradition übermittelten Wissenschaften (Arithmetik, Geometrie) sind so weit wie möglich axiomatisch umformuliert worden. Die formalen Regeln, denen eine Sprache, will sie Erkenntnis sein, gehorchen muss, ihre „Vernunft" also, sind dadurch zusehends expliziter geworden. Stets müssen die Sätze „wohlgeformt" sein und die Operatoren, derer man sich bei der Beweisführung bedient, sorgfältig unterschieden und vollständig expliziert werden; im Falle der „objektiven" Wissenschaften müssen die Aussagen überdies so dargestellt und „bewiesen" werden, dass die Beobachtung jederzeit wiederholt werden kann. Ich weiß wie jedermann, dass die

„Erfahrung" der Wissenschaftler in den Laboratorien wenig mit dem zu tun hat. Aber diese Erfahrung, deren Wichtigkeit keineswegs zu unterschätzen ist, ist aufschlussreich insbesondere für anthropologische Untersuchungen. Unabhängig von ihr ist das – streng diskursive – Ensemble der Regeln (ihre Ordnung); ihre Nichtbeachtung genügt, um einen Diskurs aus dem Bereich der Erkenntnis im strengen Sinne des Wortes auszuscheiden. Die Deutung eines Traums durch die Psychoanalyse etwa, um ein Beispiel zu geben, gehorcht nicht diesen kognitiven Regeln, da das „Gegebene", die Traumerzählung, nicht beliebig oft in identischer Form wiederholt werden kann und so nicht allgemein zugänglich ist. Ähnliches gilt, wenn ich Michel Gasse richtig verstanden habe, für die erste Sekunde des Big Bang.

Ich spreche hier von den Wissenschaften, insofern sie von allen anderen Gattungen der Rede wesentlich verschieden sind. Von ihnen zu unterscheiden sind all jene Diskurse, die sie ihrerseits als ihren Gegenstand betrachten, also alle „Epistemologien" im allgemeinen Sinn des Wortes. Sie reflektieren die Idee der wissenschaftlichen Vernunft, arbeiten sie aus, modifizieren sie; in ihnen nimmt sie ideologische Form an. Seit Galilei haben sich die Kommentare über die Wissenschaft vervielfacht. Inzwischen gibt es eine (soziologische) Wissenschaft der Wissenschaft, eine Psychoanalyse der Wissenschaft (als *libido sciendi*), eine Geschichte wissenschaftlicher „Paradigmen" und so weiter. Sie alle setzen voraus, dass die wissenschaftliche Vernunft nicht unabhängig von empirischen Variablen ist, ob diese nun technischer, gesellschaftlicher, psychischer oder imaginärer Natur sind. Gleichwohl betrifft diese Abhängigkeit, trotz häufiger Verwirrung, eher den *Inhalt* des wissenschaftlichen Diskurses als dessen *Ordnung*. Da wir von der Annahme ausgingen, dass die kognitive Vernunft in den Regeln des Sprachspiels liegt, können wir diesen Aspekt hier vernachlässigen.

Wichtiger ist die Frage nach dem *Status* dieser Regeln. Nur wenn man diesen zweiten Aspekt in Anschlag bringt, kann „heute" der Kommentar der wissenschaftlichen Vernunft den Eindruck wachsender Ungewissheit erwecken. Untersucht man den Status, so stellt man die Frage nach dem Ursprung der Regeln der Erkenntnis: Sind sie gegeben, natürlich, notwendig, göttlich? Und wenn ja, steht es in der Macht der Vernunft, ihre Erzeugung wenn nicht zu deduzieren, so doch zu beschreiben? Oder aber muss ihr diese Erzeugung in einem unvermeidlichen *circulus vitiosus* immer wieder entgleiten? Fragt man nach der Vernunft (nach dem Grund) der Regeln, so fragt man nach der Vernunft (dem Grund) der Vernunft. Der Klassizismus war metaphysisch, insofern er diese erste Vernunft gegeben hatte. Die Moderne, oder wenigstens eine bestimmte Moderne, die Augustinus' und Kants, ist kritisch; sie erarbeitet die Endlichkeit, sie gibt die Vernunft, die verbietet, über die Grundlage der Vernunft zu vernünfteln. Die Postmoderne dagegen wäre eher empiriokritizistisch oder pragmatistisch: Zwar kann die Vernunft der Vernunft nicht ohne Zirkel gegeben werden, aber das Vermögen, neue Regeln (Axiomatiken) zu formulieren, enthüllt sich in dem Maße, als ein „Bedürfnis" nach solchen Regeln spürbar wird. Während die Vernunft die *raison d'être* der Wissenschaft bleibt, wäre die Wissenschaft das *Mittel,* die Vernunft zu *offenbaren.*

Der Status, der in dieser Weise der Vernunft zugeschrieben wird, ist direkt der Ideologie des Technizismus entnommen: der Dialektik von Mittel und Bedürfnis, der Gleichgültigkeit gegenüber dem Ursprung, dem Postulat eines unendlichen Vermögens des „Neuen", der Legitimation durch den Mehrwert. Die wissenschaftliche Vernunft wird nicht nach dem kognitiven Kriterium von wahr oder falsch befragt, sondern nach der Wirksamkeit der Aussagen, entlang der pragmatischen Achse Sender/Adressat. Was ich sage, ist wahrer, als das, was du sagst, da ich mit dem, was ich sage, „mehr machen" kann (Zeit gewinnen, in andere Bereiche vorstoßen) als du mit dem, was du sagst. Eine triviale Folge dieser Verschiebung besteht darin, dass das am besten ausgerüstete Laboratorium die größere Chance hat, Recht zu behalten. Ist die wahre Vernunft die Vernunft des Stärkeren?

Jenes Konglomerat, das Habermas „Techno-Science" nennt, besteht nicht nur de facto, sondern ist ebenso ein Zustand der Vernunft. War die Gestalt des Gelehrten durch ihre Bestimmung oder Berufung ausgezeichnet, so ist der Wissenschaftler ein „Professional", der von ständiger Deprofessionalisierung bedroht ist. Man weiß, dass jeder Beruf von seinem Untergang bedroht ist, wenn ihm statt des „eigenen" Zwecks ein anderer unterlegt wird. Zu fragen wäre also, ob, was Smith und Marx am Beispiel der Weber von Antwerpen, deren Manufakturen im 15. Jahrhundert unter das Gesetz des Warenkapitals subsumiert wurden, beschrieben haben, nicht in ähnlicher Weise für die ehemaligen Gelehrten gilt, die heute unter das Regime der Effizienz subsumiert werden, nicht nur hinsichtlich der Mittel, über die sie verfügen können, sondern auch der Zwecke, denen sie „dienen". (Dies wäre im Hinblick auf die gegenwärtige Reform der Anfangssemesterausbildung an den französischen Universitäten zu verdeutlichen.)

Ein solcher Untergang der kognitiven Berufe ist im übrigen nicht grundsätzlich zu verurteilen, ebensowenig wie der Untergang des Berufs des Webers. Ist Ersterer nicht der Preis, der für die Entwicklung der Erkenntnis zu bezahlen ist, ähnlich wie Letzterer der Preis ist, der für die Entwicklung von Bekleidung und Gewebe zu entrichten war? Man kann dies belegen (man kann zum Beispiel darauf verweisen, dass in den großen Laboratorien der Rhythmus von Erfindungen und Entdeckungen sich beschleunigt), vorausgesetzt man akzeptiert ohne Einschränkung die Parallelisierung der beiden Berufe. Würde man dies zugeben, dann hätte man den Schluss zu ziehen, dass Erkenntnis heute nicht gerechtfertigter, zweckvoller oder vernünftiger ist als zum Beispiel die Herstellung synthetischer Textilien. Der Wissenschaftsarbeiter würde „erkennen", um seinen Lebensunterhalt zu verdienen, der Unternehmer würde „erkennen lassen", um sich zu bereichern. Die Vernunft der kognitiven Vernunft bestimmen, hieße somit also, den Zweck anzugeben, den der Kapitalismus verfolgt. Wendet man dagegen ein, die Verfügung über die kognitiven Kompetenzen sei eher Sache der Öffentlichkeit, so folgt daraus nur, dass die Vernunft der Erkenntnis in den Zwecken aufzusuchen wäre, die die Öffentlichkeit oder ihre Mandanten verfolgen, nicht aber in der Erkenntnis selbst.

Wie immer dem sei, stets ist die Vernunft der kognitiven Vernunft in eine soziale, ökonomische oder politische Ordnung eingeschrieben. Von der Wissenschaft wird erwartet, dass durch sie mehr Gerechtigkeit, mehr Wohlstand oder mehr Freiheit ermöglicht wird. Im Grunde hegte man in Europa und in Nordamerika diese Erwartung, als man vor zweihundert Jahren im Zuge der Aufklärung die großen Erzählungen der Emanzipation konstruiert und für glaubwürdig befunden hat.

Aber vielleicht ist ein Gutteil der Verbrechen, oder zumindest der Enttäuschungen, aus denen seit zweihundert Jahren die zeitgenössische Geschichte besteht, wie auch des

Kummers, der dieses ausgehende 20. Jahrhundert kennzeichnet, auf dieses Konkubinat zweier Ordnungen, von Wissen und „Welt", zurückzuführen, die Pascal schlechthin voneinander unterschieden hatte. Wenn Paul Feyerabend zum Beispiel die Trennung von Staat und Wissenschaft fordert, stellt er eben diese Verwirrung der Vernunft, die Verwechslung von Staatsräson und Räson des Wissens in Frage. Sie sind einander ebenso inkommensurabel wie erstere jener „raison d'être" inkommensurabel ist, die man auch Ehre oder Ethik nennt und die einen Bürger oder einen Liebenden dazu führen mag, eher zu sterben, denn als Verräter oder in Unterwerfung unter den Nazis zu leben.

Die Verwirrung der Vernunft kann sich also auf keine vernünftige Entschuldigung berufen. Sie beruht auf dem höchst „modernen" Projekt einer universellen Sprache, das heißt einer Metasprache, die in der Lage wäre, ohne Rest all die Bedeutungen in sich aufzunehmen, die in den besonderen Sprachen niedergelegt sind. Der Zweifel an der „Vernunft" hat seinen Ursprung nicht in den Wissenschaften, sondern in der Kritik der Metasprache, das heißt im Niedergang der Metaphysik (und somit auch der Meta-Politik).

Man mag daraus erschließen, was im philosophischen Denken heute auf dem Spiele steht. Die Metaphysik ist in ihrem Sturz zu begleiten, wie Adorno sagte, ohne deshalb in den gängigen positivistischen Pragmatismus zu verfallen, der unter dem Vorwand der Liberalität nicht weniger nach Hegemonie strebt als der Dogmatismus. Eine Widerstandslinie gegen beide ziehen. Die Verwirrungen angreifen, ohne erneut wieder eine „Front" zu errichten. Fürs erste ist der Widerstreit in der Vernunft durch „Mikrologien" zu verteidigen.

September 1984

Der philosophische Gang

Sehe ich richtig, so versammeln wir uns hier, um über die philosophische Bildung der Lehrer nachzudenken, von der Voraussetzung ausgehend, dass „Erziehen und Unterrichten philosophische Tätigkeiten sind".

Ich weiß nicht, was unter einer philosophischen Tätigkeit zu verstehen ist. Ich werde dem Wort Tätigkeit oder *Akt* eine strenge Bedeutung geben und es der Potenz entgegensetzen. Ich sage also, das die Philosophie keine Entität ist, keine Potenz, kein Wissenskorpus, kein *savoir faire*, keine Kraft der Empfindung, sondern dass sie lediglich *in actu* oder tätig ist. Und ich möchte sogleich hinzufügen, dass „Erziehen" oder „Unterrichten" mir nicht mehr und nicht weniger als „philosophische Tätigkeiten" erscheinen als zu tafeln oder ein Schiff zu rüsten. Die Philosophie ist kein Gebiet, das von der Geographie der Disziplinen abgetrennt wäre. Wir alle wissen das.

Ich sage „philosophischer Gang" *(cours philosophique)*, ähnlich wie man sagt „Lauf der Zeit" *(fil du temps)*. Wir wissen, dass die philosophische Reflexion seit Protagoras und Platon, seit Pythagoras, zu einem wesentlichen Teil um das Wort *formation,* Bildung*, und somit um die Frage von Pädagogik und *Reform* kreist. Sie setzt dabei voraus, dass der Geist dem Menschen nicht in der Weise gegeben ist wie er ihm gegeben sein sollte, und dass er folglich reformiert werden muss. Das Ungeheuer der Philosophen ist die Kindheit. Aber sie ist auch ihre Komplizin. Die Kindheit sagt ihnen, dass der Geist nicht gegeben ist, aber zugleich, dass er möglich sei.

Bilden heißt, dass ein Lehrer dem möglichen Geist, der im Stande der Kindheit wartet, zu Hilfe kommt, damit er sich vollbringe und verwirkliche. Sie kennen den Circulus vitiosus: und der Lehrer? Wie hat er sich von dem Ungeheuer seiner eigenen Kindheit emanzipiert? Die Erzieher sind zu erziehen, die Reformatoren zu reformieren: Man kann diese Aporie von Platon über Kant bis zu Marx verfolgen. Muss man also, wie im Fall der Psychoanalyse, annehmen, dass es ebenso, wie es eine (be-)gründende Auto-Analyse gibt, auch eine (be-)gründende Selbst-Bildung gibt? Einen Autodidakten, der der Vater aller Didaktiken wäre?

Was die Philosophen von den Analytikern unterscheidet, ist, dass sie viele Väter haben, zu viele, um eine *einzige* Vaterschaft anerkennen zu können. Daraus aber folgt, dass Philosophieren zunächst eine Autodidaktik ist.

Dies ist die Bedeutung, die ich zunächst dem Ausdruck „philosophischer Gang" geben möchte. Man kann kein Lehrer sein, man kann den Gang (die Stunde) nicht beherrschen. Man kann keine Frage exponieren, ohne nicht zugleich sich selbst zu exponieren. Einen Gegenstand (die Bildung, zum Beispiel) in Frage stellen, ohne nicht von ihm selbst in Frage gestellt zu werden. Ohne also an jene Zeit der Kindheit anzuknüpfen, die die Zeit des Möglichen des Geistes ist.

Man muss wieder-beginnen. Kein Geist, auch nicht der des Philosophielehrers, kann philosophisch sein, wenn er sich im Besitz der Frage wähnt, wenn er in die Klasse tritt, ohne nicht wieder von vorn zu beginnen. Ohne den Gang nicht wieder am Anfang aufzunehmen. Wir alle wissen, dass diese Arbeit erstens im Hinblick auf jede

Frage und jeden Gegenstand, wie immer sie beschaffen sein mögen, geleistet werden muss, und zweitens, dass Anfangen nicht heißt, einen Gegenstand gemäß seiner Genealogie zu betrachten (als ob nicht die Genealogie ihrerseits, insbesondere die historische Serialität oder Diachronie, in Frage stünde). Das Ungeheuerliche, das Kind, ist nicht der Vater des Menschen, es ist die Abweichung inmitten des Menschen, die drohende Möglichkeit, dass er sich selbst entgleitet. Man fängt immer in der Mitte an. Das ist der Grund, weshalb das Vorhaben eines philosophischen Curriculums, nach dem Vorbild der exakten Wissenschaften, zum Scheitern verurteilt erscheint.

Gleichwohl bedeutet „auto-didaktisch" nicht, dass man von den anderen nichts lernt. Sondern vielmehr, dass man von ihnen nichts lernt, wenn sie einen nicht lehren zu verlernen. Der philosophische Gang teilt sich andern nicht in derselben Weise mit, wie ein Wissen übertragen wird – durch Erwerb.

Dies leuchtet ein im Fall der philosophischen Lektüre, die den wesentlichen Aspekt des Gesprächs ausmacht, das wir mit uns selbst über einen „Gegenstand" führen. Diese Lektüre ist nicht darum philosophisch, weil die gelesenen Texte philosophisch sind – ebensogut kann es sich um politische, künstlerische oder wissenschaftliche Texte handeln, und man kann philosophische Texte lesen, ohne zu philosophieren; sie ist nur philosophisch, wenn sie autodidaktisch ist. Sie ist die Übung, sich durch einen Text verstören zu lassen, eine Übung in Geduld. Im Verlauf der philosophischen Lektüre lernt man nicht nur, was zu lesen ist, sondern dass die Lektüre nie ein Ende hat, dass sie immer nur anfängt, dass man das, was man las, nicht gelesen hat. Sie ist eine Übung in aufmerksamem Hören.

Sich lesend im Hören bilden, heißt, sich gemäß einer Wiederkehr bilden, heißt die gute Form verlieren. Die Voraussetzungen prüfen, die Andeutungen, im Text und in der Lektüre des Texts. Das Wesentliche in dem, was wir Erarbeitung nennen, die das geduldige Hören begleitet und entfaltet, besteht in einer solchen Anamnese, der Erforschung dessen, was noch ungedacht ist, obgleich es schon gedacht wird. Aus diesem Grund hat die philosophische Lektüre keinerlei Beziehung zur Theorie und die Erfahrung dieser Erarbeitung keinerlei Beziehung zum Erwerb eines Wissens (Mathems). Der Widerstand, auf den man in dieser Arbeit des Zuhörens und der Anamnese stößt, ist von anderer Art als der, der sich der Übertragung von Kenntnissen entgegenstellen mag.

Der philosophische Gang bearbeitet, was Realität genannt wird. Er häutet sie und setzt ihre Kriterien außer Kraft. Wenn eines der wesentlichen Kriterien von Realität und Realismus, wie mir scheint, heute darin besteht, Zeit zu gewinnen, dann stimmt der philosophische Gang mit der heutigen Realität nicht überein. Unsere Schwierigkeit als Philosophielehrer hängt im wesentlichen mit diesem Erfordernis von Geduld zusammen. Dass man ertragen muss, nicht (in berechenbarer, scheinbarer Weise) voranzuschreiten, dass man wieder von vorn anfangen muss, läuft den herrschenden Werten zuwider, die Vorausschau, Entwicklung, Zielgerichtetheit, Effizienz, Geschwindigkeit, vertragsgemäße Ausführung, Genuss fordern. Ich erinnere mich, dass, als ich an Gymnasien Philosophie unterrichtete, die Schüler und ich im ersten Semester stets „ertrunken" waren. Der Unterricht – oder vielmehr der Anfang – fing mit den Geretteten im Januar an. Man musste, man muss die Kindheit des Denkens geduldig ertragen. Ich weiß, dass die „Verhältnisse", wie man sagt, nicht mehr dieselben sind. Ich komme darauf zurück.

Ich lehre Sie *per definitionem* nichts. Wir alle wissen, dass für den Philosophieunterricht derselbe Preis zu entrichten ist wie für den philosophischen Gang. Der Preis besteht nicht nur darin, gemäß den Themen, die der Lehrplan vorschreibt oder nicht, Beispiele dieser Arbeit des Wieder-Beginnens der philosophischen Bibliografie zu entnehmen und mitzuteilen, oder Zeichen derselben Arbeit aus der Geschichte der Wissenschaften, der Technik, der Kunst und der Politik. Er besteht nicht nur darin, die Kenntnis dieser Beispiele und Zeichen zu ermöglichen, indem man sie darstellt als die Sache, um die es geht, als Referenten des Diskurses des Lehrers, sondern auch darin, diese Arbeit des Hörens, der Anamnese, der Erarbeitung pragmatisch in die Klasse selbst einzuschreiben. „Aktuell" in die kleine Welt der Namen einzuschreiben, in der zwei Stunden lang der Einsatz des philosophischen Gangs auf dem Spiel steht. Und stets ist der Einsatz, dass diese Denkarbeit stattfindet, ihren Lauf nimmt, in der Klasse, hier und jetzt.

Dieses Erfordernis ist nicht „pädagogischer" Art. Es bestimmt keine Unterrichtsmethode, und ebensowenig die Strategie des Unterrichtenden. Nicht einmal einen Unterrichtsstil oder einen bestimmten Ton. Es ist nicht Gegenstand einer Wissenschaft. Im Gegenteil: daraus, dass der Gang der Philosophie in der Philosophiestunde statthat, folgt, dass jede Klasse, jedes Ensemble von Namen, Daten, Orten, ein eigenes Idiom erarbeitet, einen Idiolekt, in dem die Arbeit erfolgt. Zwischen dem Idiolekt und dem Autodidaktischen besteht eine Verwandtschaft.

Diese Besonderheit der Philosophiestunde, das heißt innerhalb dieser Stunde, die ihren Gang bestimmt, ist dieselbe, die auch den philosophischen Gang bestimmt. Ich meine: Einen philosophischen Text zu schreiben, allein an einem Tisch (oder im Gehen . . .) impliziert genau dieselbe

Paradoxie. Man schreibt, bevor man weiß, was zu sagen ist und wie, und um dies, wenn möglich, zu wissen. Die philosophische Schrift ist dem, was sie sein sollte, voraus. Wie ein Kind ist sie frühreif und unbeständig. Wir beginnen wieder von vorn, man kann dieser Schrift nicht vertrauen, um das Denken selbst zu erreichen, dort, am Ende. Aber das Denken ist hier, in das Nicht-Denken eingehüllt, und es sucht die stammelnde Sprache der Kindheit abzustreifen.

Auf den ersten Blick also ist kein wesentlicher Unterschied zwischen dem Philosophieren und dem Unterricht in Philosophie festzustellen. Kant sagt: Man kann Philosophie nicht lernen, man kann „höchstens nur *philosophieren* lernen" (Architektonik der reinen Vernunft). Ob allein oder zu mehreren, man ist Autodidakt, und insofern muss man philosophieren, um philosophieren zu lernen.

Ich komme zu meinem zweiten Punkt. Kant unterscheidet gleichwohl zwischen einem *Schulbegriff* * der Philosophie und ihrem *Weltbegriff* *. In der Schule ist Philosophieren eine Übung in Geduld, und ihr Name ist, bei Kant wie bei Aristoteles, Dialektik. Ist sie aber in die Welt geworfen, so muss die Philosophie, sagt Kant, eine zusätzliche Verantwortlichkeit auf sich nehmen. Sie erfährt nicht nur, was es heißt, zu denken, sondern sie wird an einem Ideal gemessen, dem Ideal des „Philosophen als Urbild", der, wie Kant schreibt, ein „Gesetzgeber der menschlichen Vernunft" ist. Ist die Philosophie in die Welt gestellt, so fällt ihr die Aufgabe zu, die Erkenntnisse, alle Erkenntnisse auf die wesentlichen Zwecke der menschlichen Vernunft zu beziehen. Aus der Welt rührt also die Forderung her, dass zum spekulativen Interesse (der Arbeit der Ausdauer, der Geduld, von der ich sprach) ein praktisches und populäres Vernunftinteresse der Philosophie hinzutritt. Wie Sie wissen, und wie Kant in der ersten Kritik auseinandersetzt, sind diese Interessen widersprüchlich. Hat, wer heute Philosophie lehrt, seinen Ort in der Schule oder in der Welt? Die Moderne, die Aufklärung, die Kantische Reflexion selbst haben die Schule ins Zentrum des praktischen und populären Vernunftinteresses gerückt. Seit 200 Jahren hatte, insbesondere in Frankreich und auf andere Weise in Deutschland, dieses Interesse die Bildung des Bürgers in der Republik zum Ziel. Die Aufgabe der Philosophie ist mit derjenigen der Emanzipation verwechselt worden. Emanzipation bedeutet nachdrücklich für Kant, dass der Vernunft die Freiheit belassen wird, ihre Zwecke zu entfalten und zu verwirklichen, jenseits von allem Pathos. Dies wäre die Gesetzgebung der menschlichen Vernunft.

In dieser „modernen" Perspektive ist die Voraussetzung enthalten, dass die Welt von der Philosophie verlangt, sie habe in praktischer und politischer Hinsicht gesetzgebend zu sein. Ich sage Ihnen nichts Neues, wenn ich bemerke, dass wir uns heute nicht die Frage zu stellen haben, ob die Welt ein Recht hat oder nicht, an den Philosophielehrer diese Frage, dieses Verlangen zu richten (an ihn, der, seitdem es die moderne Schule gibt, seit 200 also, in der Welt ist). Wir haben uns vielmehr zu fragen, ob die Welt heute noch eine derartige Frage an ihn richtet. Ob sie überhaupt eine Frage an ihn richtet.

Wenn es stimmt, dass die Philosophiestunde einem philosophischen Gang folgt, wenn es stimmt, dass Philosophieren, allein oder in der Klasse, der Forderung nach der Rückkehr zur Kindheit des Denkens untersteht: Was ist dann zu erwarten, wenn das Denken keine Kindheit mehr hat? Wenn diejenigen, die man gemeinhin als Kinder oder Jugendliche betrachtet, nicht länger jene

Ungewisse Mitte des Menschen sind, die Möglichkeit der Ideen? Wenn die Interessen festgestellt sind? Diejenigen, die in Frankreich an Gymnasien unterrichten, brauchen, wenigstens sofern sie Philosophie unterrichten, soweit ich sehe, nicht philosophieren zu lernen. Sie haben es gelernt, das heißt sie werden es nie gelernt haben, und das ist gut so. Aber sie können den philosophischen Gang, zu dem sie befähigt sind, nicht aktualisieren, da die Schüler nicht geneigt sind, sich in Geduld, Anamnese, im Wieder-Beginnen zu üben.

Ich sehe kein pädagogisches Hilfsmittel, das nicht schlimmer als das Übel wäre, dem es Abhilfe schaffen soll. Die Lehrer zu lehren, sie mögen umgänglich und gesellig sein, die Verführung anzuempfehlen, ihnen nahezulegen, das Wohlwollen der Kinder mit demagogischen Avancen oder mit Gadgets zu gewinnen, ist schlimmer als das Übel. Wir alle kennen aus unserer Schulzeit den Typ des Alkibiades, der uns in dieser Weise versuchen wollte, und dem man früher oder später, ähnlich wie Sokrates es tat, zu verstehen geben musste, dass er uns zum Narren hält, wenn er seine Verführung gegen unsere Weisheit, die keine ist, zu tauschen sucht. Es wäre töricht, wollte man den Philosophielehrern empfehlen, sich ihren Schülern gegenüber wie Alkibiades zu verhalten. Die Arbeit der Anamnese, die Erarbeitung *in actu,* die in einer Klasse vonstatten geht, hat, sei sie heiter oder streng, nichts mit Kundenfang zu tun.

Die augenblickliche Situation gleicht ein wenig derjenigen, in der sich der Fremde aus Elea im *Sophistes* befindet (217c, 216a). Mit einem, der ohne Schwierigkeit antwortet und lenksam (*euenios,* von *enia,* Zügel) ist, ist es besser, durch Frage und Antwort zu argumentieren. Wenn nicht, ist es besser, allein zu argumentieren. Mit den

Freunden der Formen kann man ein Gespräch führen, da sie gefügiger *(hemeroteroi)* sind als die Materialisten, die alles auf den Körper zurückführen. Was letztere betrifft, vollzieht sich die Arbeit der Anamnese *in absentia,* allein, und an ihrer Statt. Man schließt die Schule.

Der Untergang der modernen Ideale einerseits, der Fortbestand der Institution der republikanischen Schule, die auf erstere begründet ist, andererseits, hat zur Folge, dass Geister in den philosophischen Gang geworfen werden, die in ihn nicht eintreten. Ihr Widerstand scheint unbezwingbar, weil er nicht als solcher erscheint. Sie sprechen das Idiom, das sie die „Welt" gelehrt hat und lehrt, und die Welt spricht Geschwindigkeit, Genuss, Narzissmus, Konkurrenz, Erfolg, Wunscherfüllung. Die Welt spricht unter der Regel des ökonomischen, auf alle Lebensbereiche hin erweiterten Tausches, Affekte und Lüste inbegriffen. Es ist ein anderes Idiom als das des philosophischen Ganges und diesem inkommensurabel. Es gibt keinen Richter, der diesen Widerstreit schlichten könnte. Der Schüler ist das Opfer des Lehrers und umgekehrt. Zwischen ihnen kann keine Dialektik oder Dialogik stattfinden, sondern nur eine Agonistik.

Abschließend drei Bemerkungen:

Zuerst: Ich ziehe aus dem Gesagten nicht den Schluss, man habe diejenigen, die Philosophie unterrichten, zur Kriegführung (zum Krieg mit Worten, damit kein Missverständnis entsteht) auszubilden. Aber ich erinnere mich, dass eines der wesentlichen Motive, die Aristoteles für das Studium von Rhetorik und Dialektik anführt, war, dass derjenige, der in der Schule Recht hat, auf der Agora durchaus unterliegen kann. Die Agora befindet sich, täusche ich mich nicht, heutzutage in der Schule. Und Kant stellt sich den Philosophen (nicht den Lehrer, das gestehe ich zu) als einen stets wachsamen Krieger vor, der die Lanze kreuzt mit den Händlern des transzendentalen Scheins. Wir müssen in der Lage sein, einer massiven, feindseligen Meinung gegenüberzutreten. Wir haben unsere Entschlossenheit zu erarbeiten, müssen zu wissen suchen, wozu uns schlagen und wie.

Zweitens wäre die platonische Lösung zu erwähnen: Man wählt die Geister aus, mit denen der philosophische Gang fortgesetzt werden kann. Eine pythagoräische Lösung: Man trennt die *mathematikoi* von den *politikoi*. Dies liefe heute darauf hinaus, mit dem Demokratismus zu brechen, zugunsten einer Republik der Geister. Und anderen die Aufgabe zu überlassen, den Demos zu führen. Die Philosophie wird zu einem freiwilligen Unterrichtsfach, oder sie wird in die Universität zurückgedrängt oder nur noch an einigen Gymnasien gelehrt. Alles scheint in diese Richtung zu weisen, wie immer wir uns auch dazu verhalten mögen. Auch in dieser Frage haben wir einen Standpunkt zu erarbeiten und zu ermessen, was auf dem Spiel steht.

Endlich aber darf man nicht vergessen, dass das Verlangen nach Anamnese, nach Verstörung, nach Erarbeitung nicht verschwunden ist. Vielleicht ist es seltener geworden, vor allem aber hat es sich verschoben. In Vincennes war ein Publikum von Männern und Frauen versammelt, die in ihrem aktiven Leben die verschiedensten Berufe ausübten. Auch hier war eine, wenn auch wohlwollende Agora. Dieses Verlangen nach Philosophie rührt nicht so sehr daher, dass man am Beruf erstickte, sondern aus einem Zweifel am Ziel der Berufstätigkeit. Es handelt sich um qualifizierte, höchst qualifizierte Berufe,

Wissenschaftler, Juristen, Mediziner, Künstler, Journalisten. Eine Steigerung des Qualifikationsniveaus zieht eine Art Avantgardismus nach sich, Fragen nach dem Wesen der Tätigkeit die man ausübt, den Wunsch, die Institution um- und neuzuschreiben. Die Philosophie, oder das Philosophieren, muss diesen sporadischen Fragen entgegengehen. Dies versucht zum Beispiel das Collège International de Philosophie. Vielleicht ist das Denken mit fünfunddreißig seiner Kindheit näher als mit achtzehn, und außerhalb des Curriculums näher als innerhalb.

Oktober 1984

Eine Widerstandslinie

In *Le corps interposé,* einem Text der kürzlich in der Revue *Passé présent* erschien (Nr. 3, April 1984), kommentiert Claude Lefort *1984* von Orwell unter zwei wesentlichen Aspekten.

Im Unterschied zu den meisten Kommentatoren weigert Lefort sich, davon abzusehen, dass *1984* ein Buch, das heißt ein literarischer Text ist. Orwell legt darin keine theoretische Kritik der Bürokratie vor. Der Roman des vollendeten Totalitarismus tritt nicht an die Stelle einer politischen Theorie. Vielmehr deutet die Entscheidung Orwells, ein literarisches Werk zu schreiben, an, dass er glaubt, das Genre „Theorie" werde die Machtergreifung der Bürokratie nicht überleben. Zwischen beiden ist eine Verwandtschaft oder Komplizenschaft zu vermuten. Beide suchen das Gegenstandsfeld, auf das sie sich beziehen, vollständig zu kontrollieren. Der literarischen Schrift dagegen ist eine Entblößung vorausgesetzt. Sie kann sich nicht, auch nicht unfreiwillig, an dem Vorhaben der Herrschaft oder integralen Transparenz beteiligen.

Im Falle Orwells ist dieser Widerstand zunächst sichtbar der Form des Romans und der narrativen Welt, als welche *1984* sich darstellt, eingeschrieben. Die Welt von Big Brother wird nicht analysiert, sondern erzählt. Der Erzähler aber ist, worauf Walter Benjamin hingewiesen hat, stets in das, was er erzählt, miteinbezogen, während der Theoretiker *per definitionem* in die begriffliche Rekonstruktion seines Gegenstands nicht einbegriffen sein darf.

In *1984* ist die Erzählung deshalb so eng mit der Geschichte verflochten, weil der Romanautor vom Autor des Tagebuchs abgelöst wird. Unter der Feder Winstons, des Helden, der Tagebuch führt, tritt die Welt der vollendeten Bürokratie dem Leser Orwells entgegen, beladen mit dem Gewicht alltäglicher Sorgen, durchschnitten vom Rahmen des subjektiven Lebens, das nie die Totalität erkennen wird, durchdrungen von Träumen, Phantasien, das heißt von den singulärsten Bildungen des Unbewussten.

Der Entschluss, ein Tagebuch zu führen, ist ein erster Akt des Widerstands. Gleichwohl zeigt der heimlich geschriebene Text, dass das geheime Universum Winstons, das ihm selbst unbekannt ist und das er in dieser Weise zum Teil entdeckt, nicht von außen durch die bürokratische Ordnung unterdrückt wird. Es wird in eben derselben Bewegung von dieser Ordnung angezogen, wie es sich dem Autor des Tagebuchs enthüllt. Und es wird schließlich von ihr ausgebeutet, in derselben Weise, wie man dank eines intimen Verhältnisses, einer unerwarteten Verletzlichkeit, einer Fehlleistung in den Besitz einer geheimen Nachricht kommt. Letztere schleichen sich in Winstons Liebe zu Julia, die ihn liebt, und in seine Freundschaft mit O'Brien ein, der ihn ausspioniert und verrät.

Indem sie ein Licht auf das Konfinium wirft, wo das Intime in das Öffentliche hinüberspielt, zeigt, wie Lefort betont, die Orwellsche Erzählung, dass Herrschaft nur in dem Maße totalitär zu werden vermag, wie sie mit den singulären Leidenschaften derer, auf denen sie lastet, in eine gleichsam symbiotische Beziehung tritt. Und dass die wesentliche Schwäche, dank derer sie sich am Ende der Macht ergeben, nicht in ihrer Todesfurcht liegt, sondern in dem geheimen Schrecken, den jeder einzelne als Preis dafür, ein Menschlicher zu werden, zu entrichten hatte und hat.

Dies vorausgesetzt, und hier führe ich den Kommentar von Claude Lefort ein wenig weiter, ist indes der Unterschied nicht außer acht zu lassen, der zwischen der Erfindung eines solchen Doppelspiels besteht, durch das der Herr dem Knecht sich einschmeichelt, und der Weise, letzteres den Leser spüren zu lassen. Dazu genügt es nicht, dieses, einem Bild gleich, darzustellen. Das Ineinander von Widerstand und Schwäche hat vielmehr in der Schrift selbst sich zu ereignen. Die Schrift muss in sich selbst, in den Einzelheiten, in der Unruhe der Worte, ihrem Kommen und Ausbleiben, in der Empfänglichkeit für die Kontingenz des Ausdrucks dieselbe Arbeit, die Erforschung ihrer eigenen Schwäche und Energie vollbringen, die Winston in seinem Versuch, dem Hinterhalt der totalitären Drohung zu widerstehen, vollbringt.

Der Gegner und Komplize des Schreibens, sein Big Brother oder vielmehr sein O'Brien, ist die Sprache. Ich meine damit nicht nur die Muttersprache, sondern die ererbten Worte, Wendungen und Werke, das, was man gemeinhin literarische Bildung oder Kultur nennt. Man schreibt gegen die Sprache, aber notwendig mit ihr. Schreiben heißt nicht, zu sagen, was sie schon zu sagen weiß. Man will vielmehr sagen, was sie nicht zu sagen vermag, aber sagen können muss, nimmt man an. Man vergewaltigt sie, man verführt sie, man führt in sie ein neues Idiom, das sie nicht gekannt hat, ein. Wenn dieses Verlangen, sie möge anderes sagen können, als was sie schon zu sagen weiß, verschwindet, wenn die Sprache als undurchdringlich erfahren wird, als inert und der Versuch, zu schreiben, vergeblich, dann heißt diese Sprache Neusprache.

Man mag bezweifeln, dass eine solche bedingungslose Kapitulation der Schrift vor der Sprache auch nur möglich sei. Auch um jene äußerste Auszehrung der Schrift, ihr „1984", zu beschreiben, muss noch geschrieben werden, muss einmal mehr der doppelte Widerstand des schon Gesagten gegen das noch Nichtgesagte und der Worte, die erst geschehen wollen, gegen jene, die schon festgestellt sind, auf die Probe gestellt werden.

Dass der Augenblick der Schrift nicht umgangen werden kann, führt zu folgender Aporie. Auch wenn der Totalitarismus obsiegt und das gesamte Feld besetzt hält, ist er doch erst wirklich vollendet, wenn er die unkontrollierbare Kontingenz der Schrift beseitigt hat. Also muss er seinerseits darauf verzichten, sich zu schreiben, in dem Sinn, dem ich, anderen folgend, diesem Wort zu geben versuche. Solange er aber ungeschrieben bleibt, ist er nicht wirklich total. Versucht er dagegen umgekehrt, ich zu schreiben, so muss er mit der Schrift wenigstens einen Bereich zugestehen, wo Unruhe, Mangel und „Idiotie" erscheinen können. Dann jedoch verzichtet er darauf, die Totalität zu verkörpern, und sogar, sie zu kontrollieren. Was in dieser Aporie auf dem Spiel steht, ist das Los des Ereignisses. Wie die Theorie, die *per definitionem* sich aus den Zeitläufen heraushält, sucht auch die Bürokratie, das Ereignis unter ihr Joch zu zwingen. Geschieht etwas, wird es zum Müll (der Geschichte oder des Geistes) geworfen. Man hält das Ereignis nur fest, wenn es die Richtigkeit der Ansichten des Herrn illustriert oder die Irrtümer der Aufständischen beschwert. Man macht aus ihm ein Beispiel. Und was den Sinn anbelangt, so wird er in einer Doktrin festgesetzt (Orwell hasste Doktrinäre). Der Hüter des Sinns bedarf des Ereignisses nur, um es in dem Prozess, den die Doktrin dem Wirklichen macht, vors Tribunal zu zitieren. Geschehen darf nur, was vorgesehen ist, und vorgesehen ist nur, was geschieht. Das Versprochene und das Gehaltene stehen in Äquivalenz.

Als Einspruch wider diesen Mord des Augenblicks und der Singularität möchte ich die kleinen Prosastücke anführen, die Walter Benjamin in *Einbahnstraße* und *Berliner Kindheit* versammelt hat. Theodor W. Adorno hätte sie Mikrologien genannt. Sie beschreiben keine Begebenheiten der Kindheit, sondern suchen die Kindheit, die Unmündigkeit des Ereignisses zu greifen; sie schreiben sein Angreifbares ein. Was aus der Begegnung eines Worts, eines Geruchs, eines Orts, eines Buchs, eines Gesichts ein Ereignis macht, ist nicht dessen Neuheit, verglichen mit anderen „Ereignissen". Es ist das Ereignis, insofern es den Charakter einer Initiation hat. Dies weiß man erst später. Es hat eine Wunde in die Empfindung geschlagen. Dies aber weiß man, da sie sich erneut geöffnet hat und wieder öffnen wird und so eine geheime, vielleicht unbemerkte Zeitlichkeit skandiert. Vermöge dieser Wunde ward ein Tor zu einer unbekannten Welt eröffnet, ohne dass man diese doch jemals kennengelernt hätte. Die Initiation führt in nichts ein, sie beginnt.

Man kämpft gegen die Vernarbung des Ereignisses, gegen seine Klassifikation unter der Rubrik der „Kindereien", um die Initiation zu bewahren. Das ist der Kampf, den die Schrift gegen die bürokratische Neusprache führt. Diese muss das Wunder trüben, dass es (dass etwas) geschieht. In der Guerilla der Liebe gegen den Code des Sentiments steht dasselbe auf dem Spiel: die Rettung des Augenblicks wider Gewöhnung und Bedeutung.

Ich will hinzufügen, um dem „Neu" der Neusprache sein Recht widerfahren zu lassen, aber auch um den wirklichen Totalitarismus (im Jahre 1984) auf die Füße zu stellen, die nicht politischer, sondern ökonomischer und massenmedialer Natur sind, ich will hinzufügen: und auch um den Augenblick vor der Neuheit (diese als Innovation verstanden) zu retten. Die Innovation ist Gegenstand des Verkaufs. Verkaufen heißt, die Zerstörung eines Objekts durch seinen Gebrauch oder Verschleiß vorwegzunehmen, das Ende des Tauschverhältnisses durch die Begleichung des Preises zu antizipieren. Wenn man quitt ist, ist nichts geschehen, ist man aus der Verbindlichkeit entlassen und verlässt sich. Man kann dann nur wieder von vorn beginnen. Das Geschäft mit dem Neuen lässt nicht mehr Spuren zurück, öffnet nicht mehr Wunden als irgendein anderes Geschäft.

Ich komme zu dem andern Aspekt, den Claude Lefort in *1984* hervorgehoben hat: den Körper. Lefort weist auf die Blicke, die Gesten und Einstellungen hin, die die Wirklichkeit, die Orwell erzählt, mit der Vergangenheit, die Winston sich zurückzurufen sucht, und mit seinem Träumen zusammenschließen. Beziehungen des Helden in der Gegenwart zu O'Brien und Julia sind so mit seinen Kindheitserinnerungen und mit dem Bild seiner Mutter verwoben.

Mit dem Ausdruck „Körper" bezeichnet Lefort die beiden Entitäten, die Merleau-Ponty in *Le visible et l'invisible* zusammenzudenken suchte: das Band, das das Empfundene mit dem Empfindenden verknüpft, den Chiasmus der Empfindung, den phänomenologischen Körper, aber auch die verborgene, singuläre raum-zeitliche Organisation, die Phantasien, den psychoanalytischen Körper. Den Körper, der sich mit der Welt vereint, der er angehört, die er bildet und von der er gebildet wird, und den Körper, der sich von der Welt zurückzieht, in die Nacht dessen, was er verlor, um in ihr zu erstehen.

Beide Male handelt es sich um ein Idiom, um eine schlechthin einzigartige, unübersetzbare Weise, das, was geschieht, zu entziffern. Der Gesichtspunkt, der Hörpunkt, der Punkt der Berührung und des Geruchs, an dem die Inhalte des Sinnlichen mir zugänglich werden, kann nicht in ein raumzeitliches Verhältnis übertragen werden. Man nennt diese Singularität der Resonanz „Existenz". In der Sprache verweisen auf sie die deiktischen Ausdrücke, ich, dies, jetzt, dort und so weiter. In ihnen kündigt sie sich an. Trotzdem kann diese Erfahrung oder diese Existenz in ihrer Intransitivität geteilt werden. Zwar wird *dein* Hör- und Berührungspunkt und so weiter nie der meinige sein, doch das blendende Rätsel der Welt der Existenzen ist, dass Singularitäten in der Mehrzahl in ihr anwesend sind und sich unaufhörlich, vermöge jener zerbrechlichen sinnlichen Antennen, in einem ameisengleichen Raunen zu begegnen suchen.

Auch in dieser Hinsicht stellt die Liebe eine Ausnahme dar. Sie fordert die Durchlässigkeit und Preisgabe meines perspektivischen Feldes an das deinige. Daher das unaufhörliche Tasten nach einem anderen sinnlichen Idiom und jener Taumel, in dem Mein und Dein sich aufzulösen beginnen, sich auszutauschen suchen, widerstehen, sich entdecken. Es kündigt sich an in der Nacktheit, ich möchte sagen: im Nackt-Sein zu zweit. Und in der Sprache, im Stammeln der Liebenden, im Versuch, ein gemeinsames, obschon unübertragbares Idiom zu finden, Mund an Mund, in der Nähe zweier entblößter Stimmen.

Die andere Linie des Körpers in Orwells Roman, die Lefort verfolgt, ist das Phantasma, das heißt die Vergangenheit des Schreckens, die in der Gegenwart wiederkehrt und zugleich verhüllt ist; eingeschrieben, noch bevor sie erfahren wird; eine geheime Macht, die über die Affekte gebietet. Es zeichnet die Linie der größten Schwäche. Bei Winston erscheint es in Gestalt der Rattenangst; O'Brien entdeckt das Phantasma, setzt es in Szene und vermag so Winstons Widerstand zu brechen.

Eine Schwäche im Hinblick worauf? Nach dem Maß welcher Stärke? Das Phantasma ist ein Idiom, das in dem Idiom spricht, das ich spreche. Es spricht leiser als ich. Es will etwas sagen, was ich nicht will und was ich nicht sage. Es ist eine Singularität, die zugleich vertrauter und fremder ist als der Punkt meines Empfindens. Es verfügt über ihn, blendet mich und macht mich taub gegenüber dem, was gleichwohl sichtbar und hörbar ist, es macht mich allergisch gegen das Gefahrlose, es lässt mich dort, wo der Kanon der Kultur Abscheu oder Scham gebietet, eine geheime Lust empfinden. Eine Schwäche also gegenüber der Norm und gegenüber der Mittelbarkeit.

Der bürokratische Herrscher (oder der Herrscher des Tausches) folgt dieser doppelten Körperlinie, höhlt sie aus und kann so erreichen, dass die Aufständischen sich seiner Polizei übergeben. Es genügt, dass sie sich lieben. Sie haben sich gemeinsam dem Ereignis, seiner Initiation überlassen, sie haben sich durch das Labyrinth ihres Empfindens, ihrer Sinnlichkeit, ihrer entblößten Worte, sie haben einander und jeder sich selbst die Figuren des Unheimlichen, von denen sie beherrscht werden, enthüllt. Indem er das Objekt seiner Liebe Big Brother „gibt" (welch ein Wort), verrät der Liebende nicht nur, was die Liebenden füreinander sind, sondern auch dasjenige, was sie nicht sind, was ihnen fehlt, ihr Ungenügen. Das Eingeständnis der Schwäche ist die wertvollste Denunziation. Sie liefert dem Beherrscher eine Information und das Mittel, sie zu erpressen. Ist eine Handlung positiv in die Wirklichkeit eingeschrieben, so kann man ihre Spur stets archivieren. Was aber in jedem einzelnen wartet, hofft und verzweifelt, ist nichts, was erfasst oder klassifiziert werden könnte. Darin besteht, vor jeglicher verbrecherischen Handlung, das wirkliche Verbrechen.

Das Unbewusste muss eingestanden und erklärt werden. In der Beichte spricht Satan die Sprache Gottes und Kamenev die Sprache Stalins. Was strittig ist, kann verstanden, der Widerstreit zwischen dem Idiom und der Norm auf einen kleinen Disput reduziert werden. Ob der Verbrecher bezahlt oder nicht, ist nebensächlich. Worauf es ankommt, ist, dass er durch das öffentliche Geständnis seiner Schuld, auch wenn dieses Geständnis eine Fälschung ist, die Integrität und Einheit der Sprache der Kommunikation wiederherstellt. Jedes Geständnis stärkt die Neusprache, da es den Verzicht auf das Vermögen der Sprache enthält und sanktioniert, den Widerstreit auslöscht und das Ereignis, das an den Widerstreit gebunden ist, annulliert. In der Neusprache ist kein Raum für Idiome, ähnlich wie in der Presse und in den Medien kein Raum für die Schrift ist. In dem Maße, wie die Neusprache sich verbreitet, gehen Kultur und Bildung unter. Das „Basic" ist die Sprache der Denunziation und des Vergessens.

Seit den Prozessen der dreißiger Jahre ist dies ein triviales Thema. Weniger trivial ist die Maschinerie der Verleugnung, die Orwell beschreibt. Ihr Mittel ist die Liebe und die Schrift, denn nur in Liebe und Schrift wagt sich die namenlose Singularität zu enthüllen, und nur Liebe und Schrift können sie verraten. Chruschtschow sagte, dass das Geheimnis der GPU, Geständnisse zu erpressen, einzig darin bestand: zu schlagen, und nochmals zu schlagen. Orwell dagegen beschreibt eine Despotie, die nicht (oder nicht nur) das Bedürfnis foltert, sondern die das Begehren verführt. Man mag darüber streiten, ob dies da oder dort der Fall ist. Wie immer dem sei, entscheidend ist, dass bei Orwell an dieser Linie der äußersten Schwäche der letzte Widerstand erfahren wird, dass hier das Los einer wirklichen Republik auf dem Spiel steht.

Ich sage Republik, um eine letzte Beobachtung anzufügen. Es ist ein Gemeinplatz, zu behaupten, dass wir 1984 uns nicht in einer Situation befinden, wie sie Orwell prophezeit hat. Doch diese Verleugnung ist ein wenig überstürzt. Man hat Recht, wenigstens was die westlichen Länder anbelangt, wenn man diese Situation in eng politologischem der soziologischem Sinne versteht. Denkt man jedoch an die Verallgemeinerung der binären Sprachen, an die Tilgung des Unterschieds zwischen hier/jetzt und dort/damals, die aus der Telematisierung der Kommunikation resultiert, an das Vergessen des Gefühls zugunsten der Strategie, das die Vorherrschaft des Tauschs begleitet, so wird man zu der Einsicht kommen, dass die Bedrohung der in dieser, unserer Situation die Schrift, die Liebe und die Singularität ausgesetzt sind, weithin derjenigen vergleichbar ist, die Orwell beschrieben hat.

Ich teile die Ansicht von Claude Lefort, dass man, sieht man eilends davon ab, dass Orwells Text ein Roman ist, – wenn auch in anderem Ton und anderer Weise – die Elimination von Winstons Zeugnis, seines Tagebuchs und all der übrigen Dinge durch die Repräsentanten des Systems wiederholt. Es existiert heute durchaus eine solche Bedrohung, und dieses Absehen ist ein Symptom unter anderen. Unsere Situation wird, in welcher Form auch immer, überschattet von der Macht der Mediendemokratien (dem Gegenteil der Republik), der Technologien, die mit und über die Sprache arbeiten, des ökonomischen und militärischen Wettbewerbs auf Weltebene, des allgemeinen Untergangs der „modernen" Ideale.

Seit wenigstens zweihundert Jahren hat uns die Moderne gelehrt, nach der Ausdehnung politischer, wissenschaftlicher, künstlerischer und technischer Freiheiten zu verlangen. Sie hat uns gelehrt, dieses Verlangen zu rechtfertigen, denn durch diesen Fortschritt sollte die Menschheit sich, so sagte sie, von Despotie, Unwissenheit, Barbarei und Elend emanzipieren. Die Republik ist die bürgerliche Humanität. Dieser Fortschritt ist auch heute noch im Gange, freilich nurmehr unter dem etwas verschämten Namen „Entwicklung". Aber es ist unmöglich geworden, diese Entwicklung durch das Versprechen einer Emanzipation der gesamten Menschheit zu rechtfertigen. Dieses Versprechen wurde nicht gehalten. Es wurde nicht gebrochen, weil man es vergessen hätte, sondern die Entwicklung selbst untersagte, es zu halten. Neoanalphabetismus und Verarmung der Völker des Südens und der Dritten Welt, Arbeitslosigkeit, der Despotismus der Meinung, und das heißt des Vorurteils, dem die Medien Vorschub leisten, das Gesetz, wonach gut ist, was wirksam ist – all das ist nicht die Folge unterbliebener Entwicklung, sondern von Entwicklung selbst. Das ist der Grund, weshalb man nicht mehr wagt, von Fortschritt zu sprechen.

Das Versprechen der Emanzipation ist von den großen Intellektuellen, einer Kategorie, die aus der Aufklärung hervorging und der Hüter der Ideale und der Republik war, in Erinnerung gerufen, verteidigt und ausgesprochen worden. All jene, die heute diese Aufgabe anders als in Form eines minimalen Widerstands gegen alle Totalitarismen fortführen wollten und unvorsichtigerweise die gerechte Sache im Kampf der Ideen oder der Mächte untereinander benannten, die Chomsky, Negri, Sartre, Foucault, haben sich dramatisch getäuscht. Die Zeichen des Ideals sind verwischt. Ein Befreiungskrieg bedeutet nicht, dass die Menschheit weiterhin sich emanzipiert, ebensowenig wie die Erschließung neuer Absatzmärkte bedeutet, dass sie sich bereichert. Die Schule bildet nicht länger Bürger, sie bildet allenfalls Fachleute aus. Wie können wir diese Entwicklung weiterhin rechtfertigen?

Adorno hat den Kummer, von dem ich spreche, besser verstanden als viele, die ihm folgten. Er führt ihn auf den Sturz der Metaphysik zurück und ohne Zweifel auf den Untergang einer Idee von Politik. Er wandte sich der Kunst zu, nicht um diesen Kummer zu besänftigen – er ist unverzeihlich –, sondern um für ihn Zeugnis abzulegen und, möchte ich sagen, die Ehre zu retten. Eben dies tut auch der Roman Orwells.

Ich behaupte nicht, dass die Widerstandslinie, die das Werk Orwells zieht, ihrerseits keine Fragen aufwirft. Im Gegenteil. Der Rekurs auf die Ideale der Moderne appelliert an die Universalität der Vernunft. Mit Ideen kann man argumentieren und mit Argumenten überzeugen. Die Vernunft wird *per definitionem* von allen geteilt. Dies trifft jedoch nicht, wie ich zu zeigen suchte, für den Fall des Körpers zu, vor allem nicht für den Fall des unbewussten Körpers, wenn ich mich so ausdrücken darf; dieser schließt jeden von uns in ein unübertragbares Geheimnis ein.

Es erscheint mir deshalb notwendig, die Linie des Körpers in die Linie der Schrift zu verlängern. Die Mühe des Schreibens ist der Mühe der Liebe nicht unähnlich, aber sie schreibt die Spur des initiierenden Ereignisses in die

Sprache ein und ermöglicht so, dass es geteilt wird, wenn nicht von der Erkenntnis, so doch von einer Sensibilität, die sie für gemein halten kann und muss.

Dass die Schrift – oder die „Kunst", denn wie Sie bemerkt haben, kann man auf den verschiedensten, auch auf elektronischen Trägern schreiben – eine Widerstandslinie zieht, dafür gibt es eine Reihe negativer Zeichen. Es genügt, an das Los zu erinnern, das die politischen Totalitarismen den sogenannten historischen „Avantgarden" bereitet haben. Oder an die vermeintliche „Überwindung" des Avantgardismus heute, die, mit dem Vorwand bewaffnet, die Kommunikation mit dem Publikum wieder herzustellen, die Verantwortung missachtet, der die Avantgarden ein Jahrhundert lang nachzukommen suchten: zu widerstehen und Zeugnis abzulegen.

Die Probleme, die mit dem Widerstand, von dem ich spreche, verbunden sind, beginnen erst, sich abzuzeichnen. Wir werden sie erarbeiten müssen. Ich möchte dazu nur folgendes bemerken: Man schließt sich nicht in den Elfenbeinturm ein, wenn man dieser Linie folgt, man kehrt auch nicht den neuen Ausdrucksmitteln, die die Wissenschaften und zeitgenössischen Techniken uns zur Verfügung stellen, den Rücken. Im Gegenteil, man sucht, mit ihnen und durch sie, für das zu zeugen, was allein zählt, die Kindheit der Begegnung, die Aufnahme für das Wunder, dass es (dass etwas) geschieht, die Achtung des Ereignisses.

Oktober 1984

„Nach" Wittgenstein

Man mag eine bestimmte Art des Denkens lieben. Man ist darum nicht auch schon ein guter Kenner dieses Denkens oder in der Lage, es anderen zu erklären. Man macht es weder zu einem Beruf noch zu einer Bestimmung. Es ist „nur" ein Gefühl. Ein Gefühl gleicht einem Satz, der in Erwartung seiner Formulierung steht. Man fühlt, „nach" diesem Denken zu denken (auch wenn das wenig ist). Man muss, man wird von dieser Art des Denkens aus verketten müssen. Man weiß noch nicht, wie. Das „nach" steht also noch nicht fest. Was aber feststeht, ist, dass man auf dieses Denken Rücksicht nehmen, dass man ihm Rechnung tragen wird.

Solche Verkettungen haben immer stattgefunden. Sie knüpfen ein Netz von Verwandtschaftsbeziehungen, das sich zu Traditionen verfestigt. Aristoteles denkt „nach" den Sophisten, Kant nach der Krise des Leibnizschen Rationalismus und der Grundlegung des Rechts, Hume, Rousseau. Wittgenstein ist ein einsamer Denker. Er denkt gewiss „nach" Frege, Russell, dem logischen Positivismus und ohne Zweifel nach Schopenhauer und Spengler. Aber seine Einsamkeit ist vor allem dadurch gekennzeichnet, dass er auch „nach" sich selbst denkt. Der 1921 veröffentlichte *Tractatus* ließ einen glänzenden Philosophen der Logik und Mathematik erwarten. Die 1953, zwei Jahre nach seinem Tod herausgegebenen *Untersuchungen* zeigen, dass eine andere Richtung eingeschlagen wurde. Zwar ist nicht zu übersehen, dass die *Untersuchungen* auf den *Tractatus* folgen, aber in welcher Weise sie auf ihn folgten, war nicht vorhersehbar. Sie entfernen sich von Russell. Wittgenstein folgt auf Wittgenstein, mit der spürbaren Neigung, letzteren (das heißt ersteren) zu missbilligen. Eine Einsamkeit, ohne Rücksicht auf „das Werk". Was nachher kommt erschüttert, was zuerst war.

Er ist nicht deshalb einsam, weil er die Welt und seine Zeit nicht kennt, sondern eher deshalb, weil er sie zu gut kennt. Oft sind es die, die in Gruppen denken, die Zeit und Welt verkennen. Dem dienen Gruppen. Das feinste Gehör aber bedarf einer gewissen Stille, eine beträchtliche Menge „wohlbekannter" Dinge muss erst durch eine minutiöse Unruhe gefiltert werden. Ob in seiner Hütte in Norwegen, seinem Logis in Irland, dem Zimmer im Trinity College in Cambridge, wo er, wenn man so sagen kann, vor fünf oder sechs Studenten „Vorlesungen" hält, aber schon 1917 in den Schützengräben in den Dolomiten oder 1943 in dem medizinischen Laboratorium in Newcastle: Beharrlich vernimmt der Wiener der Jahrhundertwende, die Welt sei krank. Nietzsche hatte geglaubt, es handle sich um eine Krankheit des Willens. Aber Wittgenstein ist, wie Kant, Republikaner. Wie Kant glaubt er, die Zeit sei an der Sprache erkrankt. Aber während Kant den Kapitalismus noch nicht kannte, ist Wittgenstein in ihn hineingeworfen.

Die Prüfung der Sprachspiele konstatiert und bekräftigt, wie die Kritik der Vermögen, die Trennung der Sprache von sich selbst. Die Sprache ist ohne Einheit, es gibt nur Sprachinseln, jede wird von einer anderen Ordnung beherrscht, keine kann in eine andere übersetzt werden. Diese Zerstreuung ist an sich gut, sie muss geachtet werden. Was zur Krankheit führt, ist, dass eine Ordnung über die andere übergreift. „Die Sprache (oder das Denken) ist etwas Einzigartiges' – das erweist sich als ein Aberglaube (nicht Irrtum!), hervorgerufen selbst durch grammatische Täuschungen" *(Untersuchungen,* § 110). Dieser Aberglaube, Kant nannte ihn transzendentalen Schein, hinderte den Aufklärer nicht, an der Hoffnung einer universellen Emanzipation als dem Zweck der menschlichen Geschichte, zu der die Philosophie ihren Beitrag zu leisten hat, festzuhalten. Für Wittgenstein dagegen ist die Krankheit ohne vorhersehbare Abhilfe. Sie hängt mit der Hegemonie der industriellen Techno-Science zusammen, deren Zeitalter vielleicht der „Anfang vom Ende der Menschheit ist" *(Vermischte Bemerkungen,* Ges. Schriften, 529). Ihr „kultureller' Ausdruck sind Totschläger wie die Mengenlehre und die behavioristische Psychologie. Die Philosophie kann nichts durch sich selbst. Die Krankheit, die ihre Probleme hervorruft, kann nur durch eine Veränderung in der Lebens- und Denkweise geheilt werden" *(Foundations of Mathematics,* Neuausgabe, II, 23). Und wäre zu wählen, so „ist mir durchaus nicht klar, dass ich eine Fortsetzung meiner Arbeit durch Andere mehr wünsche, als eine Veränderung der Lebensweise, die alle diese Fragen überflüssig macht" *(Vermischte Bemerkungen,* G. S., 537).

Die Reflexion des *Tractatus* über das Wesen der logischen Sprache beruht auf einer im Grunde klassischen Metapher. Die Sprache gleicht einem Bild der Welt, die Welt bildet sich in ihr ab (aber die Bilder der Welt, die die Sätze sind, sind ihrerseits Ereignisse, und die Sprache ist ein Teil der Welt). Es gibt also einen „Spiegel", die sprachlichen und die Elemente, aus denen die Wirklichkeit besteht, sind nach einer analogen Struktur organisiert. Von dieser Voraussetzung aus kann die Erkenntnis begründet werden. Aber sie stößt auf eine doppelte Grenze. Die eine, in nächster Nähe, besagt, dass man nicht durch einen logischen oder mathematischen Satz ausdrücken kann, was die Sätze ermöglicht, das heißt die Strukturähnlichkeit zwischen der Welt und der Sprache. Die andere, unausdrückbare, liegt in äußerster Ferne des Spiegels und bedeutet den ethischen, ästhetischen, theologischen (vielleicht politischen) Wert. Das *Du sollst* ist kein logischer Satz, es ist kein Bild eines Sachverhalts. Der Sinn des Lebens ist nicht in der Welt, „die Ethik ist transzendental", „Gott offenbart sich nicht in der Welt" *(Tractatus)*. Im *Tractatus* schützt das Schweigen die Sprachen des Werts vor den Anmaßungen des Wissens. In den nachfolgenden *Untersuchungen* trennt es die Sätze der gewöhnlichen Sprache von einander und offenbart ihre Bedeutung. In der gewöhnlichen Sprache gibt es eine Vielzahl von Sätzen, die unterschiedlichen Ordnungen unterstehen. Jemandem etwas befehlen hat nicht denselben Einsatz und folgt, um ihn zu „realisieren", nicht denselben Regeln wie der Versuch, jemandem eine Landschaft zu beschreiben, eine Geschichte zu erzählen, das Schema eines Maschinenteils aufzuzeichnen oder etwas zu versprechen. Jede Satzart oder Satzfamilie versetzt die Gesprächspartner in eine eigentümliche Spannung. Sie veranlasst sie, eher in der einen als in der anderen Richtung zu verketten. Im Prinzip ist „nach" jedem Satz jeder beliebige andere Satz möglich. Wenn es sich im Allgemeinen anders verhält und bestimmte Verkettungen eher erwartet werden als andere, so darum, weil die Verkettungsregeln durch Lernen und unter der Autorität der Tradition festgelegt worden sind. Diese Regeln sind den Partnern bekannt oder auch, wie in vielen Spielen, unbekannt. Jede dieser Familien, deren

Grenzen, wie schon das Wort andeutet, oft ins Unbestimmte verlaufen, kann mit einer Art von Spiel verglichen werden. Spiele haben wenig miteinander gemein, einen Zug im Bridge-Spiel kann man nicht in einen Zug im Tennis-Spiel „übersetzen". Dasselbe gilt für die Sätze, die Züge in Sprachspielen sind: Man „übersetzt" einen mathematischen Beweis nicht in eine Erzählung. Die Übersetzung ist selbst wiederum ein Sprachspiel.

Die Trauer um die Einheit der Sprache – eine bestimmte „Freude" an der Beschreibung ihrer Vermögen und ihrer Unvermögen, die Weigerung, auf metaphysische Entitäten wie Zweckmäßigkeit, Wille zur Macht, oder selbst *das* Denken zurückzugreifen –, all das sollte uns Wittgenstein vertraut machen. Eine obschon nicht ähnliche, nicht einmal demselben Ziel zustrebende, andererseits aber auch nicht gänzlich verschiedene, eine, könnte man sagen, verwandte Arbeit hatten die Schriftsteller im mallarméschen Umfeld der Krise der Literatur vollbracht. Ich kenne wenig Werke, die geeigneter wären, Wittgenstein zu verstehen, als *How to write* von Gertrude Stein.

Der wesentliche Unterschied besteht darin, dass Wittgenstein an der im Grunde empiristischen Idee des Gebrauchs festhält. Die Menschen würden die Sprache gebrauchen. Sie würden die Sprache oder mit der Sprache spielen. Der Umstand, dass ihnen nicht all die Regeln der mannigfaltigen Spiele bekannt sind, ändert nichts an diesem anthropologischen Vorurteil.

Nach Wittgenstein bleibt zunächst die Aufgabe, die Untersuchung der Ordnungen der Sätze von diesem humanistischen Hindernis zu befreien und die Philosophie unmenschlich zu machen. Der Mensch gebraucht die Sprache nicht, er ist nicht einmal ihr Hirte; ebensowenig wie es eine Sprache gibt, gibt es ein Subjekt. Die Sätze situieren Namen und Pronomina (oder ihre Äquivalente) in den Universen, die sie präsentieren. Die Philosophie ist ein Diskurs, dessen Regel darin besteht, seine Regel (und die anderer Diskurse) zu finden. In ihr versuchen sich die Sätze mithin ohne Regel und ketten sich aneinander, indem sie sich einzig von dem Wunder leiten lassen, dass nicht alles gesagt ist, dass ein neuer Satz geschieht und nicht vielmehr nichts.

Zweitens ist die Folgerung zu untersuchen, die sich aus dieser Unmenschlichkeit für die Frage des „sozialen Bandes" ergibt. Es dürfte sich bald erweisen, dass die Hauptschwierigkeit nicht, wie man meinen möchte, im Staat oder in der „bürgerlichen Gesellschaft" liegt, sondern in der Funktionsweise des Kapitals, einer Verkettungsordnung von Sätzen, die viel biegsamer und „unmenschlicher" (unterdrückender, wenn man will) ist, als irgend eine politische oder soziale Ordnung. Lohn, Profit, Zahlungsgeld und Kredit, Investition, Wachstum und Rezession, Währungsmarkt, es wäre interessant, diese Gegenstände als ebenso viele Züge und/oder Regeln zu untersuchen, die unterschiedlichen Sprachspielen entstammen. Und wenn das Kapital eine vielförmige Weise wäre, die Zeit zu meistern, zu verketten?

Februar 1983

Intellektuelle Moden

Vom Zeitalter der Klassik bis heute haben und hatten intellektuelle Moden ihre Institutionen: Höfe, Salons, Zeitungen, Zeitschriften, Medien. Diese sind nicht Mittel, um Ideen oder Werke zu verbreiten. Durch sie werden Worte und Parolen (Rhetoriken), die Ideen und Werke zusammenfassen, kristallisieren, vor allem aber symbolisieren, in hoher Dichte und außerordentlicher Agitation in Umlauf gesetzt. Es sind Schlagworte. Sie schlagen einen Ton an. An diesem haftet ein symbolischer Wert: Die Gemeinschaft, die die Worte tauscht, erkennt sich in ihnen wieder, weniger in dem, was sie bedeuten, als in dem, wofür sie einstehen, in ihrer Kraft, Unterschiede zu signalisieren.

Von den Fürsten- und Königshöfen bis zu den Revuen, Organen und Manifesten der Avantgarden, von der Renaissance bis zur Gegenwart hat sich die Weise, wie Modewörter für eine Sache einstehen, grundlegend gewandelt. Das Prestige, das sie einflößen, verschafft eine merkantile und nicht nur politische oder ideologische Macht. Verleger, Filmproduzenten, Fernsehschaffende, Redakteure von Zeitungen und Zeitschriften und bisweilen auch die „Autoren" der Ideen verdienen Geld mit den Moden der Wörter. Der merkantile Tausch dringt ein in die Sphäre der Kultur und zwingt ihr seine Regel, den optimalen Unterschied auf. Man spekuliert mit Unterschieden zwischen

Denkungsarten (Redensarten) wie mit Unterschieden zwischen Kleidungsstilen, Fabrikationsmethoden oder Währungen. Der Wertunterschied, der aus diesen Distinktionen resultiert, erscheint als Zeitgewinn. Man muss schneller sein als die anderen, man muss der erste sein, man muss das Schlagwort liefern (die Kleidung, die Währung), damit die Gemeinschaft, die es übernimmt, sich einen Augenblick lang differenzieren kann. Man befriedigt das Verlangen, sich zu unterscheiden, und zerstört eben dadurch allen Unterschied. Schlagworte haben ein nur kurzes Leben.

Intellektuelle Moden setzen das Bedürfnis voraus, auch im Denken nicht wie die anderen sein zu wollen. Eine gemeinsame Kultur, falls eine solche jemals existiert hat, reicht nicht aus. Sie teilt sich in Subkulturen, die als Strömungen, Denkstile, Sekten, Dörfer, Szenen in Erscheinung treten. Die Vitalität der italienischen Städte und Gemeinden begünstigt in hohem Maße solche Rivalitäten. Man will nicht zu spät kommen. Man will als erster das Wort geben, ist bereit, dafür zu sterben. Eine extreme Spielart des Dandyismus. Vielleicht verdankt sich der Peloponnesische Krieg der Macht der Moden: Man starb für den Ruhm des Namens der Vaterstadt und seiner Eponyme. Die Mode veranlasst, dass Ausdrücke, die Ideen bedeuten (Zeichen, Struktur, Pragmatik), als Eigennamen fungieren. – Aber diese Rivalität ist nur möglich vor dem Hintergrund einer gemeinsamen Kultur, die dem Unterschied Bedeutung verleiht. Man ist sich einig darüber, dass diese Uneinigkeit, oder gar Zwietracht, wünschenswert, beneidenswert ist. Über das Interesse am Dissens besteht Konsens. Jedes Dorf, jede Szene besteht aus demselben Volk, aus der „Intellektuellenklasse".

Der Gegensatz von Klassik und Moderne ist nicht chronologischer Natur. Das Klassische ist nicht das Ältere. Die Moderne ist eine „Zeitart" oder „Zeitsitte", ähnlich wie man von Denkungsarten oder Tischsitten spricht. Sie besteht nicht nur in einer geschärften Aufmerksamkeit für die Zukunft, unter Vernachlässigung der Vergangenheit. Vorausschau ist klassisch, und es gibt eine Tradition des Neuen (als Innovation verstanden). Das Moderne ist eine bestimmte Sensibilität für das Ereignis als solches, in seiner Plötzlichkeit, seinem Drängen, seinem unmittelbaren Bevorstehen. Es entwaffnet das Wissen und selbst das Bewusstsein. Das Ereignis ist ein absolutes Performativ: Es geschieht. Die Mode bejaht sich in dem Verlangen, das Ereignis zu sein.

Aber sobald es geschieht, ist das Ereignis nicht länger ein Ereignis und wird zu einer Information, die zirkuliert und deren destabilisierende Macht immer geringer wird. Der Kriminalroman macht das Verbrechen zum Paradigma des Ereignisses, zu dem, wodurch die Zeit überrascht.

Zwischen Mode und Ästhetik besteht eine geheime Verwandtschaft. Letztere entsteht im Laufe des 19. Jahrhunderts, als die Poetik an Bedeutung verliert. Der Wert des Werks verdankt sich dem Urteil der Betrachter, des „Publikums", und bemisst sich nicht mehr danach, ob es von seinem „Schöpfer" (dem Autor, Künstler, Denker) unter Beachtung der Regeln des Genres geschaffen wurde. Der Geschmack ist nicht länger eine Form gemeinsamen Empfindens, das an Regeln orientiert wäre. Gemeinsamkeit des Geschmacks wird lediglich gefordert als Horizont einer Allgemeinheit. Zu sagen *Dies ist schön* heißt soviel wie: Jedermann müsste dieses Werk schön, gerecht und so weiter finden. Erstreckt sich die

Mode auf den Bereich des Denkens oder wenigstens der Theorie, so bedeutet das, dass auch die Werke, deren Einsatz die Wahrheit ist und die im Prinzip nach Argumentation verlangen, in das Gefühl, in den Bereich dessen, was diskussionslos anerkannt wird, fallen. Aber dieses Gefühl muss minoritär, muss elitär bleiben.

Die Forderung nach dem Minoritären kennzeichnet zutiefst die Moderne. Die Moderne bearbeitet fortwährend die Grenzen dessen, was man für gesichert hielt, im Denken ebenso wie in den Künsten, den Wissenschaften, Technologien und Politiken. Ein moderner Maler ist ein Maler, für den es in dem Bild, das er malt, um den Begriff der Malerei geht. Vielleicht war die Philosophie, zumindest soweit sie sich als Kritik verstand, stets modern. Man nennt diese Befragung und Prüfung der Grenzen auch „Avantgarde". Die Moden der heutigen Zeit schmücken sich gern mit diesem Titel. Nicht immer zu Recht. Manchmal trifft er zu. Das Recht, den Namen „Avantgarde" zu tragen, bemisst sich danach, wie weit die Erschütterung der Regeln reicht, die aus der kritischen Arbeit des Gedankens resultiert. Mitunter kommt es vor, dass man lange warten muss, um dies zu wissen.

Mai 1983

Rasche Bemerkungen zur Frage der Postmoderne

Einige Beobachtungen, in loser Folge und ohne theoretischen Anspruch.[6]

Man hört allenthalben, das große Problem heutiger Gesellschaften sei der Staat. Das ist ein – vermutlich gravierender – Irrtum. Das Problem, das alle anderen überragt, auch das des zeitgenössischen Staats, ist das Kapital.

„Kapitalismus" ist einer der Namen der Moderne. Er setzt voraus, dass das Unendliche in eine Instanz investiert wird, die schon Descartes (und vielleicht Augustinus, der erste Moderne) herausgestellt hat, den Willen. Die literarische und künstlerische Romantik glaubte, diese realistische, bürgerliche, von Krämergeist erfüllte Deutung des Wollens als unendliche Bereicherung bekämpfen zu müssen. Doch dem Kapitalismus gelang es, das unendliche Verlangen zu wissen, das die Wissenschaften beseelt, sich unterzuordnen und ihre Verwirklichung dem Kriterium der Technizität, die sein Kriterium ist, zu unterstellen: der Regel der Wirksamkeit, die die endlose Optimierung der Beziehung von Aufwand und Ertrag (Input/Output) gebietet. Die Romantik, nach wie vor lebendig, wurde in eine Kultur der Sehnsucht zurückgedrängt (das baudelairesche „die Welt geht ihrem Ende zu", und die Kommentare von Benjamin), während der Kapitalismus sich in eine Figur verwandelte, verwandelt hat, die nicht mehr „ökonomisch", „soziologisch", sondern „metaphysisch" ist. Das Unendliche ist in ihr als dasjenige gesetzt, das noch nicht bestimmt ist, das der Wille fortwährend beherrschen und sich aneignen muss. Seine Namen sind Kosmos, Energie, es ist Gegenstand von Forschung und Entwicklung. Es muss erobert, es muss als Mittel eines Zwecks gesetzt werden, und dieser Zweck ist der Ruhm des Willens. Ein Ruhm, der selbst unendlich ist. Die wirkliche Romantik ist in diesem Sinne das Kapital.

Auffallend ist, kehrt man aus den Vereinigten Staaten nach Europa zurück, die Schwäche des Willens, wenigstens nach dieser Figur. Auch die „sozialistischen" Länder leiden unter dieser Anämie. Das Wollen lässt sich, als unendliches Vermögen und als das Unendliche der „Verwirklichung", nicht der Instanz eines Staates unterwerfen, der es aufzehrt, um sich zu erhalten, als ob er ein Zweck wäre. Damit der Wille sich kräftigt, bedarf es nur eines Minimums an Institution. Nicht der Kapitalismus liebt die Ordnung, der Staat liebt sie. Der Kapitalismus sucht sich nicht in einem technischen, sozialen oder politischen Werk, das Regeln unterstünde, zu vollbringen, seine Ästhetik ist nicht die des Schönen, sondern des Erhabenen, seine Poetik die des Genies. Das Schaffen ist für ihn nicht Regeln unterworfen, es erfindet sie.

All das, was Benjamin als „Verlust der Aura", als Ästhetik des „Schocks", als Zerstörung von Geschmack und Erfahrung beschrieb, ist die Folge dieses wenig um Regeln bekümmerten Wollens. Auch wenn Traditionen, Statute, Gegenstände und Orte, an denen die individuelle und kollektive Vergangenheit haftet, überkommene Rechtfertigungen, dem Klassizismus entstammende Welt- und Menschenbilder bewahrt werden, so doch nur als Mittel zum Zweck, dem Ruhm des Wollens.

Marx hat das erkannt, zumal im *Manifest*. Er hat zu zeigen versucht, wo die Figur des Kapitalismus sich auflöst. Er hat ihn nicht als Figur, sondern als thermodynamisches System gedacht. Und er hat gezeigt, dass er 1. seine heiße Quelle, die Arbeitskraft, nicht kontrolliert; 2. den Abstand zwischen dieser Quelle und der kalten Quelle (der Steigerung des Wertprodukts) nicht kontrolliert; 3. dass er seine heiße Quelle aufzehrt.

Aber der Kapitalismus ist eher eine Figur. Als System betrachtet, ist seine Quelle nicht die Arbeitskraft, sondern physische Energie überhaupt (das System ist nicht isoliert). Als Figur betrachtet, geht seine Macht aus der Idee des Unendlichen hervor. In der Erfahrung der Menschen kann diese sich darstellen als Verlangen nach Geld, Verlangen nach Macht, Verlangen nach dem Neuen. Man mag all das hässlich, auch beunruhigend finden. Aber dieses Verlangen übersetzt nur ins Anthropologische, was ontologisch der Bezug des Willens auf das Unendliche ist.

Dieser Bezug folgt nicht der Scheidung in gesellschaftliche Klassen. „Klasse" ist keine ontologisch relevante Kategorie. Es gibt keine Klasse, die das Unendliche des Willens verkörperte oder monopolisierte. Wenn ich von „dem Kapitalismus" spreche, sind damit weder die Eigentümer noch die Gerants der Kapitale gemeint. Es gibt tausend Beispiele, die zeigen, welchen Widerstand sie dem Wollen, selbst dem technologischen Wollen entgegensetzen. Ähnliches gilt für die Arbeiter. Es wäre eine transzendentale Illusion, verwechselte man, was den Vernunftideen zugehört (Ontologie), mit dem, was in den Bereich der Verstandesbegriffe fällt (Soziologie). Diese Illusion hat die bürokratischen Staaten hervorgebracht, alle Staaten, möchte man sagen.

Wenn deutsche oder amerikanische Philosophen heute vom Neoirrationalismus des französischen Denkens sprechen, wenn Habermas im Namen des Projekts der Moderne Derrida und Foucault eine Lektion in Sachen Progressismus erteilt, täuschen sie sich empfindlich über das, was in der Moderne auf dem Spiel steht. Auf dem Spiel stand und steht (denn die Moderne ist nicht zu Ende) nicht die Aufklärung schlechthin, sondern die Unterstellung eines Wollens in der Vernunft. Kant sprach von einem Trieb der Vernunft, über die Grenzen der Erfahrung hinauszugehen, und er verstand anthropologisch die Philosophie als einen Drang*, sich zu schlagen, zu streiten.

Erinnert sei an die Zweideutigkeit der Ästhetik Diderots, sein Schwanken zwischen der neoklassizistischen Theorie der „Verhältnisse" und dem Postmodernismus der *écriture* der *Salons,* von *Jacques le fataliste* und *Rameaus Neffe*. Die Schlegels hatten sich darin nicht getäuscht. Sie wussten, dass es nicht um das Problem des Konsens (den habermasschen Diskurs*), sondern um das Undarstellbare geht, das unerwartete Vermögen der Idee, das Ereignis als Darstellung eines unbekannten, unannehmbaren Satzes, der erst annehmbar ist, nachdem er einer Erfahrung kommensurabel wurde. Die Aufklärung stand darin in geheimer Komplizenschaft mit der Frühromantik.

Entscheidend in dem, was man das Postindustrielle (Bell, Touraine) nennt, ist, dass das Unendliche des Willens die Sprache selbst besetzt. Was seit zwanzig Jahren im Gange ist, ist, um es in den plattesten Ausdrücken von politischer Ökonomie und historischer Periodisierung zu sagen, die Verwandlung der Sprache in eine produktive Ware: Sätze werden als Botschaften behandelt, die codiert, decodiert, übertragen und in Gruppen geordnet werden; die reproduziert, konserviert und abrufbereit gespeichert werden (Gedächtnis); die kombiniert, in Schlussverfahren (Kalkülen) schematisiert oder einander entgegengesetzt werden (Konflikte, Spiele, Kybernetik). Man operiert mit einer Maßeinheit, die zugleich eine ökonomische Größe ist: der Information. Welche Wirkungen sich daraus ergeben, dass der Kapitalismus in die Sprache eindringt, beginnt man eben erst zu erahnen. In der Eroberung neuer Märkte, in neuen Investitionsstrategien kündigt sich das kommende Jahrhundert an: Das Begehren des Unendlichen schickt sich an, alles, was mit Sprache zu tun hat, zu besetzen, nach dem Kriterium der höchsten Wirksamkeit.

Das soziale Band ist Sprache (Geld ist seinerseits ein Aspekt von Sprache, ihre Berechenbarkeit, Zahlung und Kredit, jedenfalls ein Spiel mit Unterschieden in Raum und Zeit). Man hat damit zu rechnen, dass die lebendigen Werke des Sozialen selbst durch diese Besetzung erschüttert werden. Es wäre ein Irrtum, darin ein Symptom von Entfremdung zu erblicken. Dieser Begriff entstammt der christlichen Theologie und der Naturphilosophie. Aber Gott und Natur als Figuren des Unendlichen müssen untergehen. Wir werden nicht durch das Telefon oder das Fernsehen entfremdet, sofern diese als Mittel (Medien) betrachtet werden. Wir werden nicht durch Sprachmaschinen entfremdet werden. Die einzige Gefahr ist, dass der Wille sie den Staaten überlässt, denen es nur um ihren Fortbestand, das heißt die Rettung des Glaubens geht. Dass das Menschliche einer komplexen und aleatorischen (nicht-abzählbaren) Kombinatorik von Operatoren, die Botschaften umwandeln (Stourdze), Platz macht, ist keine Entfremdung. Botschaften sind an sich nichts weiter als metastabile Informationszustände, die Katastrophen unterliegen.

Mit der Idee der Postmoderne stelle ich mich in diesen Kontext. Und in diesem Kontext, sage ich, ist es unsere Aufgabe als Denker, die flache Vorstellung der Sprache als Information zu kritisieren und eine unaufhebbare Undurchsichtigkeit inmitten der Sprache selbst zu offenbaren. Die Sprache ist kein „Kommunikationsinstrument", sondern ein höchst komplexer Archipel, der aus Inseln von Sätzen besteht, die ungleichartigen Ordnungen angehören, so dass es unmöglich ist, einen Satz aus einer Ordnung (einen deskriptiven Satz zum Beispiel) in einen Satz einer anderen Ordnung (einen evaluativen oder präskriptiven Satz) zu übersetzen. Thom schreibt in diesem Sinne: „Ein Befehl enthält keine Information." Die Forschungen der wissenschaftlichen, literarischen und künstlerischen Avantgarden weisen seit einem Jahrhundert in diese Richtung; es sind Versuche, die Inkommensurabilität zwischen Satzordnungen zu entdecken.

Das Kriterium der Wirksamkeit erscheint, aus dieser Perspektive gesehen, als eine empfindliche Beschränkung der Möglichkeiten der Sprache. Freud, Duchamp, Bohr, Gertrude Stein, schon Rabelais und Sterne sind postmodern, insofern sie die Paradoxien betonen, die stets die Inkommensurabilität, von der ich spreche, bestätigen. Sie befinden sich in nächster Nähe zum Vermögen und zur Praxis der gewöhnlichen Sprache.

Wenn das, was Sie die französische Philosophie der letzten Jahre nennen, in irgendeiner Weise postmodern ist, so darum, weil sie in ihrer Reflexion über die Dekonstruktion der Schrift (Derrida), die Unordnung der Diskurse (Foucault), die epistemologischen Paradoxien (Serres), die Alterität (Lévinas) oder die Sinneffekte, die aus nomadischen Begegnungen resultieren (Deleuze), den Akzent auf die Inkommensurabilitäten legte.

Liest man *jetzt* und mit diesen Namen im Kopf Adorno, insbesondere Texte wie die *Ästhetische Theorie*, die *Negative Dialektik* oder *Minima Moralia*, so gewahrt man, wie sehr er in seinem Denken das Postmoderne vorwegnahm, obschon er ihm oftmals zurückhaltend, wenn nicht ablehnend gegenüberstand.

Was ihn zu dieser Ablehnung führte, war die Frage des Politischen. Denn wenn zutrifft, was ich hier in groben Zügen als das Postmoderne umriss, wie ist es dann um Gerechtigkeit bestellt? Führt, was ich sage, darauf, die Politik des Neoliberalismus zu empfehlen? Keineswegs, scheint mir. Diese ist selbst nur ein Trugbild. Was in Wirklichkeit stattfindet, ist eine Konzentration der Industrie-, Gesellschafts- und Finanzimperien, die von den Staaten und den politischen Klassen gefördert wird. Aber es rührt sich die Ahnung, dass diese monopolistischen Ungeheuer nicht immer effizient sind und durchaus den Willen blockieren können (was wir einst Barbarei nannten); aber auch die Ahnung, dass die Arbeit, wie sie das 19. Jahrhundert begriff, aufhören muss, und anders als in Form von Arbeitslosigkeit. Schon zu Beginn des 19. Jahrhunderts sagte Stendhal: Das Ideal ist nicht mehr die physische Kraft des antiken Menschen, sondern Geschmeidigkeit, Geschwindigkeit, das Vermögen, sich zu wandeln (man geht abends zum Ball und führt am andern Morgen Krieg). *Sveltezza*, Raschheit, wie man im Italienischen sagt und im Zen. Dies ist eine Eigenschaft par excellence der Sprache; um Neues zu schaffen, braucht sie fast keine Energie (Einstein in Zürich). Sprachmaschinen sind nicht teuer. Die Ökonomen verzweifeln bereits darüber; sie vermögen nicht, wie sie sagen, die enorme Überkapitalisierung, an der wir in dieser auslaufenden Wachstumsperiode leiden, zu absorbieren. Wahrscheinlich trifft das zu. Das Unendliche des Willens wäre also mit der „Raschheit" in Einklang zu bringen: viel weniger „arbeiten", viel mehr lernen, wissen, erfinden, zirkulieren. Gerechtigkeit im Politischen ist in diese Richtung weiterzutreiben. (Man muss eines Tages zu einer internationalen Übereinkunft über die verbindliche Herabsetzung der Arbeitszeit ohne Minderung der Kaufkraft kommen.)

Juni 1982

Textnachweis

Grabmal des Intellektuellen: *Le Monde*, 8. Oktober 1983.

Der Widerstreit: *Le Monde*, 8. April 1982.

Für eine Nicht-Kulturpolitik: Antwort auf eine Umfrage des *Nouvel Observateur,* Sommer 1981, unveröffentlicht.

Die Vernunftverwirrung: Antwort auf eine Umfrage von *Le Monde,* September 1984.

Der philosophische Gang: Vortrag, gehalten anlässlich der Rencontres Ecole et Philosophie, Nanterre, 20. Oktober 1984, unveröffentlicht.

Eine Widerstandslinie: Vortrag, gehalten anlässlich der *Rencontres 1984 et le présent de l'univers informationnel,* Paris, Oktober 1984, veröffentlicht in: *Traverses,* März 1985.

„Nach" Wittgenstein: *Libération,* 1. März 1983.

Intellektuelle Moden: *Corriere della Sera,* 4. Mai 1983.

Rasche Bemerkung zur Frage der Postmoderne: *Babylone,* Nr. l, Winter 1982/83.

Anmerkungen

1 Im Original *Tombeau de l'intellectuel*. Außer der lexikalischen Bedeutung *Grab, Grabmal* bezeichnet das französische *tombeau* ein musikalisches bzw. literarisches Genre, zunächst im 16./17. Jahrhundert ein zum Gedächtnis eines Fürsten komponiertes Instrumentalstück. Mallarmé verwandte es im Titel einiger Sonnette, wie *Tombeau d'Edgar Poe, Tombeau de Charles Baudelaire*.
2 Le Monde, 16. Juli 1983.
3 Der *Nouvel Observateur* wollte in Form eines Fragebogens ermitteln, welche Haltung die Befragten, als Intellektuelle, gegenüber der sozialistischen Regierung und ihrer Kulturpolitik einzunehmen gedächten. Vor allem ging es um die Frage, ob man aktiv und persönlich an dieser mitarbeiten wollte. Raum und Zeit, die dafür zugeteilt waren, untersagten eine Antwort, die diesen Namen verdiente, waren aber ausreichend, um die „Tatsache" zu prüfen, auf die sich die Zeitschrift in ihren Fragen bezog.
4 Conseil Superieur des Corps Universitaires, ein Gremium, das damals über die Laufbahn im Hochschulwesen entschied.
5 Der Text stellt die Erwiderung auf eine Umfrage der Tageszeitung *Le Monde* unter dem Titel *Vernunft heute* dar. Sie lautete: „Die Kritik der großen wissenschaftlichen, philosophischen und politischen Erklärungssysteme, die Grundlagenkrisen, die viele Disziplinen erschüttern, das Auftreten neuer Fragestellungen und Wissensbereiche, die oftmals unverhüllten Verweise auf Subjektivität und Metaphysik, die Infragestellung von Begriffen wie Wahrheit, Fortschritt, Beweisbarkeit, Erfahrung, Methodologie, Argumentation, Quantifizierung: all das hat zahlreiche Forscher veranlasst, den Gebrauch des klassischen Vernunftbegriffs in ihrer Arbeit in Frage zu stellen. Inwiefern glauben Sie, dass die Formen traditioneller Rationalität durch die

Entdeckungen unseres Zeitalters in Frage gestellt werden? Welches Verhältnis sehen Sie zwischen Ihrer Disziplin und Ihren eigenen Arbeiten und der angeführten Debatte? Welche der neueren Versuche, die zeitgenössische Rationalität neu zu fassen, erscheinen Ihnen besonders fruchtbar?"
6 Kleiner Beitrag zu dem der „Postmoderne" gewidmeten der Zeitschrift *Babylone*.
* Im Original deutsch.